essentials

essentials liefern aktuelles Wissen in konzentrierter Form. Die Essenz dessen, worauf es als „State-of-the-Art" in der gegenwärtigen Fachdiskussion oder in der Praxis ankommt. *essentials* informieren schnell, unkompliziert und verständlich

- als Einführung in ein aktuelles Thema aus Ihrem Fachgebiet
- als Einstieg in ein für Sie noch unbekanntes Themenfeld
- als Einblick, um zum Thema mitreden zu können

Die Bücher in elektronischer und gedruckter Form bringen das Expertenwissen von Springer-Fachautoren kompakt zur Darstellung. Sie sind besonders für die Nutzung als eBook auf Tablet-PCs, eBook-Readern und Smartphones geeignet. *essentials:* Wissensbausteine aus den Wirtschafts-, Sozial- und Geisteswissenschaften, aus Technik und Naturwissenschaften sowie aus Medizin, Psychologie und Gesundheitsberufen. Von renommierten Autoren aller Springer-Verlagsmarken.

Weitere Bände in der Reihe http://www.springer.com/series/13088

Sven Schnitzler

Online-Kommunikation im Recruiting für KMU

Reifegrade von Employer Branding & Candidate Experience

Springer Gabler

Sven Schnitzler
Weilerswist, Deutschland

ISSN 2197-6708   ISSN 2197-6716   (electronic)
essentials
ISBN 978-3-658-29976-7   ISBN 978-3-658-29977-4   (eBook)
https://doi.org/10.1007/978-3-658-29977-4

Die Deutsche Nationalbibliothek verzeichnet diese Publikation in der Deutschen Nationalbiblio-
grafie; detaillierte bibliografische Daten sind im Internet über http://dnb.d-nb.de abrufbar.

Planung/Lektorat: Ann-Kristin Wiegmann
Springer Gabler ist ein Imprint der eingetragenen Gesellschaft Springer Fachmedien Wiesbaden
GmbH und ist ein Teil von Springer Nature.
Die Anschrift der Gesellschaft ist: Abraham-Lincoln-Str. 46, 65189 Wiesbaden, Germany

Was Sie in diesem *essential* finden können

- Einen Überblick über die Veränderung des Kommunikationsverhaltens im Zuge der Digitalisierung.
- In diesem Kontext korrespondierende Auswirkungen auf das (Online) Recruiting.
- Kriterien anhand derer eine zielgruppengerechte Onlinekommunikation als Kombination aus einer Karrierewebseite und korrespondierenden Social-Media-Kanälen als erfolgsversprechend für das Recruiting in KMU beurteilt werden kann.
- Kriterien für eine Recruitingstrategie, die KMU gleichzeitig eine Leitlinie und entsprechende Flexibilität bieten.
- Ein Reifegradmodell, das die Einordnung der eigenen Aktivitäten und die Ableitung kurz-, mittel- und langfristiger Maßnahmen ermöglicht.

Geleitwort

Eine Karrierewebseite und die Kommunikation mit dem Bewerber sind biologisch gesehen klares Balzverhalten
Aufplustern, mit allen Reizen und Farben spielen, den Kampf gegen die direkte Konkurrenz gewinnen und dann zeigen, dass die Leistung auch stimmt.

Zuerst tief in die Augen geschaut und dann die inneren Werte geprüft. Was überall in der Natur funktioniert ist auch im Bereich Personalmarketing nicht die schlechteste Wahl.

Wie lange so eine Beziehung dann hält, unterscheidet sich auch nicht unbedingt vom Privatleben: Die Liebe fürs Leben findet sich immer seltener, Durchhalten bedeutet auch ständiges Arbeiten am Ich auf beiden Seiten, die Möglichkeiten sind immens, das Gras auf der andere Seite ist immer grüner, manchmal hält uns nur die Gewohnheit zusammen...

Die größte Hürde?

Kommunikation! Mensch mit Mensch: Marketing mit HR. Personaler mit Recruiter. Bewerber mit Vorgesetztem.
Soweit die Marketingsicht und das, was wir im Unternehmensalltag erleben.

Die Idee dieses Buches: Wenn alle zusammen mit den Fachabteilungen an Bord sind, dann lassen sich inhaltlich spannende, dauerhaft tragende Webseiten für das Recruiting, eine Kommunikation auf Augenhöhe und die individuelle Candidate Experience bauen.

Wenn klar ist, wie die Reife eines Unternehmens in Bezug auf die Kommunikation, das Recruiting und das Employer Branding gemessen werden kann, dann entstehen konkrete Maßnahmen. Für die tägliche Arbeit im Unternehmen braucht es mehr als eine Diskussion über Fachkräftemangel oder eine mögliche Gegenmaßnahme. Es braucht umsetzbare Arbeitsprozesse, die skalierbar und teilbar sind.

Unsere Marketingsprache mittels Kommunikation, theoretischer Fundierung und unter Einbezug von Erfahrungs- und Expertenwissen in ein Reifegradmodell zu übertragen, das jedem Unternehmen unmittelbare Optionen in Sachen Employer Branding offenlegt – das ist ein echter Mehrwert. Herzlichen Glückwunsch zu dieser Veröffentlichung und mein persönlicher Dank für die großartige Zusammenarbeit!

Julia Collard

Inhaltsverzeichnis

Einleitung

Im Übergang vom Arbeitgeber- zum Arbeitnehmermarkt unterliegt der Recruitingprozess einem strukturellen Wandel. Während Konzerne oder Großunternehmen für die verschiedenen Bereiche der strategischen Geschäftsfeldentwicklung über entsprechende Ressourcen verfügen, steht der Mittelstand vor der Herausforderung sich im laufenden Kerngeschäft neu zu positionieren. Dies gilt insbesondere für das Rekrutieren neuer Mitarbeiter.

Ein sicherer Arbeitsplatz und ein hohes Gehalt allein sind keine Entscheidungskriterien für den attraktiven Arbeitgeber der Zukunft. Unternehmen setzen daher zunehmend auf Benefits wie soziale Verantwortung, flexible Zeitmodelle und die Vereinbarkeit von Familie, Freizeit und Beruf.

Konzerne haben aufgrund ihrer Struktur und Bekanntheit einen Vorteil in der Gewinnung und Bindung von Mitarbeitern. Allein der Größenvorteil ermöglicht eine ganz andere Bandbreite und Spielarten von nicht monetären Vergütungen. Regelmäßig erzielen sie dadurch erstklassige Ergebnisse in Arbeitgeberrankings und werden entsprechend auf den einschlägigen Plattformen erwähnt. Für Konzerne und Großunternehmen ergibt sich daraus eine positive Spirale aus Sichtbarkeit und Weiterempfehlung. Genau das gegenteilige Bild ergibt sich bei kleinen und mittelständischen Unternehmen (KMU), die weder die nötigen Ressourcen und Strukturen aufweisen können noch von Ergebnissen auf Jobportalen profitieren. Auf der anderen Seite stellen diese Betriebe aber den Großteil des Stellenangebots auf dem deutschen Arbeitsmarkt.

© Der/die Herausgeber bzw. der/die Autor(en), exklusiv lizenziert durch
Springer Fachmedien Wiesbaden GmbH, ein Teil von Springer Nature 2020
S. Schnitzler, *Online-Kommunikation im Recruiting für KMU*, essentials,
https://doi.org/10.1007/978-3-658-29977-4_1

Kommunikation 2

Da es sich bei Kommunikation um einen absolut selbstverständlichen und jedem zugänglichen Alltagsgegenstand bzw. -prozess handelt, ist eine allgemeingültige Definition umso schwieriger. Kommunikation wird universal verwendet, sie findet ständig statt ohne dass Endprodukte sichtbar sein müssen und sie ist nicht an Objekte, Raum oder Zeit gebunden.

Spezifiziert werden kann die Definition von Kommunikation im vorliegenden Fall durch den Unternehmenskontext:

> „Die Kommunikation eines Unternehmens umfasst die Gesamtheit sämtlicher Kommunikationsinstrumente und -maßnahmen eines Unternehmens, die eingesetzt werden, um das Unternehmen und seine Leistungen den relevanten internen und externen Zielgruppen der Kommunikation darzustellen und/ oder mit den Zielgruppen eines Unternehmens in Aktion zu treten" (Bruhn 2015).

Für die Betrachtung des Arbeitgebermarketings wird insbesondere der zweite Teil der Definition relevant, wenn es um Kommunikationsprozesse zwischen Unternehmen und Bewerbern als Zielgruppe geht.

2.1 Kommunikationsverhalten

Kommunikation hat sich im Verlauf der Jahre sowohl durch technische wie auch durch soziale Dimensionen gewandelt. Je schneller der technische Fortschritt, desto stärker die Veränderung des Kommunikationsverhaltens. Durch sinkende Kommunikationskosten und steigende Kommunikationsmöglichkeiten gewinnen

Kommunikation und deren Einfluss auf interpersonale Beziehungsmuster auf-
fällig an Bedeutung (Monge 2003, S. 4 f).
Dies lässt sich festmachen an einer Steigerung der

- Interaktivität: allen im Kommunikationsprozess Beteiligten kommt eine
  Doppelrolle im Verhalten, nämlich dem parallelen Senden und Empfangen, zu;
- Anonymität, was einhergeht mit einem sinkenden Verantwortungsbewusstsein
  für Inhalte, aber auch einer insgesamt steigenden Interaktionsfrequenz,
- Individualisierung: Teilnehmer schlüpfen in verschiedene Rollen und erproben
  bzw. erweitern so ihr eigenes Kommunikationsverhalten,
- Hypermedialität im Sinne einer Verbindung von Kommunikationskanälen und
  Wissensquellen,
- Aktualität und Globalität, bei der Informationen, Nachrichten, Produkte und
  Wissen unabhängig von Raum und Zeit zur Verfügung stehen (Eigenbrodt und
  Stang 2014, S. 13 f).

Während die schematische Darstellung der Kommunikation als „Sender-
Empfänger-Modell" eindimensionale Zusammenhänge vermuten lässt, findet man in
der Realität ausschließlich Netzwerkkommunikation. Neben physisch anwesenden
Kommunikationspartnern sind vermehrt auch physisch abwesende Teilnehmer in
Kommunikationsprozesse eingebunden. Analoge und digitale Kommunikation
finden simultan statt. Die Mehrdimensionalität sowie die Vernetzung stellen die
größten Herausforderungen für alle beteiligten Akteure dar.

Veränderungen der Kommunikation haben immer auch Auswirkungen auf die
Gesellschaft und umgekehrt. Grundsätzlich ist davon auszugehen, dass gegen-
seitige integrierte Wechselbeziehungen zwischen Gesellschaft und (Medien-)
Technik bestehen. Eine eindirektionale und zeitlich hierarchische Reduktion veränderten Medienverhaltens auf die jeweils nachfolgende Generation greift hier
allerdings zu kurz.

Aus Sicht der Zielgruppe müssen die Kommunikationsaktivitäten gezielt
kombiniert werden. Daraus lässt sich schließen, dass die Kommunikation so
beschränkt wie möglich und so breit wie nötig erfolgen muss.

2.2   Von der Kommunikation zur Interaktion

Die Veränderung von Kommunikation in Verbindung mit immer wieder
neuen Medien wird häufig als Phänomen (vielmehr Problem) der Generation
Y und Z beschrieben. Die nach dem Jahr 1981 Geborenen werden als „Digital

Natives" bezeichnet; ihnen wird eine natürliche Beziehung zu digitalen Medien zugeschrieben. Es ist die erste Generation, die von klein auf mit der „neuen" Technik des digitalen Zeitalters aufgewachsen und sozialisiert ist. Und es ist die Generation, die den Arbeits- und Bewerbermarkt schon heute dominiert.

Diese permanente Ausstattung mit Kommunikationstechnik und allgegenwärtige Interaktion führen zu anderen Denkmustern und zu einem fundamentalen Unterschied, Informationen zu verarbeiten. Sie sind von Geburt an Mitglieder einer digitalen Gesellschaft, wobei der Zusatz „digital" Aufmerksamkeit auf eine besondere Form des Medien- und Kommunikationswandels legen soll, der in dieser Form aber bereits immer bestanden hat. Auch in den Jahrzehnten zuvor unterlag die Kommunikation(swissenschaft) einem ständigen Wandel, bei dem das jeweils abgelöste Medium als besser (weniger schädlich) erachtet wurde als das nächstfolgende.

Medienwandelprozesse sind also Teil der historischen Entwicklung mit dem Ergebnis immer wieder neuer oder veränderter Zugänge zu Informationen; sie sind nicht einer bestimmten (jüngeren) Generation zuzuschreiben. Kommunikation verändert sich folglich ständig, Digitalisierung ist aber der Brandbeschleuniger dieser Veränderung. Während einzelne Medien in der Vergangenheit ersetzt wurden, kann heute weniger von Verdrängungseffekten als stärker von einer Parallelexistenz von Medien gesprochen werden.

Verstärkt wird dieser Effekt durch den Vernetzungsgrad der Kommunikatoren. Im Unterschied zu analoger Kommunikation ist bei der vernetzen Kommunikation zunehmend weniger eindeutig, wer mit wem kommuniziert. Im Prozess der Interaktion verschwimmen Akteure und Zeit. An der Kommunikation beteiligt sind sowohl Individuen wie auch Kollektive, Profis und Laien, Menschen und Algorithmen. Der zu berücksichtigende wirklich neue Faktor der Kommunikation liegt folglich nicht im Medium begründet, sondern in der Mehrdimensionalität interpersonaler Kommunikation.

> Die Komplexitäts**steigerung** durch Medien und moderne Kommunikationstechnologien bildet sich in komplexeren Kommunikationsprozessen ab und umgekehrt. Gleichzeitig besteht aber ebenso die Möglichkeit, dass moderne Kommunikationskanäle und deren Kombination (Channel Blending) zur Komplexitäts**reduktion** von Kommunikationsprozessen beitragen.

Mehrdimensionalität zeigt sich schließlich erkennbar sowohl in den (sozialen) Rollen der einzelnen Akteure, in der zeitlichen (nicht linearen) Komponente als auch in den Kommunikationskanälen. Sie determiniert die Kommunikation aller Generationen (Kneidinger-Müller 2018, S. 163).

> Die technologische und kommunikative Mehrdimensionalität ist von erheblich größerer Bedeutung als zu vernachlässigende Verhaltensunterschiede zwischen Generationen. Vor allem die Veränderung von der linearen zur Netzwerkkommunikation sowie die zeitlich nicht limitierte Interaktion zwischen physisch an- und abwesenden Akteuren bestimmen die erfolgreiche Kommunikation der Zukunft.

Kommunikationsreife

Die Kommunikationsreife bezogen auf das Online Recruiting eines Unternehmens bildet sich ab

- in der Transparenz des Bewerbungsprozesses
- in den Bewerbungsmöglichkeiten (postalisch, Mail, Portal, offen)
- im Vorhandensein von Social-Media-Kanälen (Facebook/Instagram/XING/ LinkedIn)
- Interaktion via Mail/Hotline/Chat/Whatsapp

als Ausdruck mehrdimensionaler Kommunikation.

Literatur

Bruhn, M. (2015): Kommunikationspolitik. 8. Auflage, Verlag Franz Vahlen, München.
Monge, P. (2003): Theories of Communication Networks, Oxford University Press.
Eigenbrodt, O., Stang, R. (2014): Formierungen von Wissensräumen: Optionen des Zugangs zu Information und Bildung, Walter de Gryter.
Kneidinger-Müller, B. (2018): Die neue Mehrdimensionalität interpersonaler Kommunikation: Kommunikatives Handeln im Spannungsfeld zwischen Mobile- und Face-to-Face-Kommunikation. In C. Katzenbach u. a. (Hrsg.): Neue Komplexitäten für Kommunikationsforschung und Medienanalyse: Analytische Zugänge und empirische Studien, Berlin, S. 161–180.

Personalmanagement

3

Unter Personalmanagement versteht man alle mitarbeiterbezogenen Verwaltungs- und Gestaltungsaufgaben zur Verwirklichung der strategischen Unternehmensziele. Das Bestreben mittels Wertschöpfung im Unternehmen innovativ, wettbewerbsfähig und erfolgreich zu agieren, wird durch die eingesetzten Produktionsfaktoren unterstützt. Während der Mensch zunächst als einer dieser Produktionsfaktoren angesehen wurde, steht er heute im Mittelpunkt des Ressourcenprozesses. Insbesondere in Dienstleistungsunternehmen und in wissensintensiven Geschäftsfeldern gelten Mitarbeiter als die zentralen Faktoren des Wertschöpfungsprozesses.

Dies gilt umso mehr wenn gerade die den Menschen gegenüber einer Maschine oder einer KI ureigenen und unersetzlichen Fähigkeiten identifiziert, zugeschrieben und bewertet werden müssen.

Die Aufgabe des Personalmanagements besteht folglich darin zu bestimmen, unter welchen Bedingungen Personal so in der Organisation eingesetzt werden kann, das wirtschaftliche, ökologische, soziale und individuelle Ziele als Zielgeflecht erreicht werden. Wenn Menschen als zentraler Faktor in Organisationen betrachtet werden, kommt der Personalbeschaffung, also dem Recruiting, gleichfalls eine Schlüsselrolle zu – dies auch vor dem Hintergrund, dass Recruiting als Schnittstellenprozess immer sowohl nach innen in die Organisation als auch nach außen Richtung Zielgruppe wirkt.

Die Begriffe Recruiting und Personalbeschaffung bzw. Recruitingprozess und Personalbeschaffungsprozess werden in dieser Arbeit synonym verwendet. Recruiting stellt dabei die strategische Unternehmensaufgabe dar, während der Recruitingprozess die organisatorische Umsetzung dieser Aufgabe beschreibt.

3.1   Recruiting als Teil des Personalmanagements

Primäres Ziel des Recruitingprozesses ist die Besetzung einer Position mit dem nach seinen Qualifikationen und Kompetenzen am besten geeigneten Bewerber. Dabei gilt es sowohl strategische Ziele (Sicherung der Wettbewerbsfähigkeit des Unternehmens) und operative Ziele (Sicherstellung des täglichen Geschäftsablaufs) zu berücksichtigen. Vor dem Hintergrund des Fachkräftemangels und den Auswirkungen der Digitalisierung hat sich das Recruiting zu einer der wichtigsten Aufgaben des Personalmanagements mit hohem strategischem Stellenwert entwickelt.

Aufgrund des Wandels vom Arbeitgeber- zum Arbeitnehmermarkt steht der Schritt der (individuellen) Ansprache im Vordergrund des gesamten Recruitingprozesses. Wenn immer mehr Unternehmen mit vergleichsweise ähnlicher Ressourcenausstattung um immer weniger Bewerber konkurrieren, ist der crossmedialen Interaktion (Abschn. 2.2) im Sinne einer positiven Candidate Experience besondere Berücksichtigung beizumessen.

▶ „Candidate Experience beschreibt das individuelle Erleben von Recruitingprozessen bei einem potentiellen Arbeitgeber durch den jeweiligen Bewerber. Sie bildet sich aus der Summe der in diesem Kontext gesammelten Erfahrungen […] des Bewerbers, der diese an allen Berührungspunkten […] in personaler und non-personaler Form erleben kann." (Athanas und Wald 2014, S. 3).

Die Zielgruppe der externen Bewerber mit einer hohen digitalen Affinität macht es auch hier notwendig gelernte Auswahlkriterien zu überprüfen: Wenn das Streben nach Aufmerksamkeit und unmittelbarem Feedback bei zukünftigen Bewerbern im Fokus stehen, muss sich dieser Trend zur Selbstverwirklichung und zu einem offenen, freiheitsliebendenden Lebensbild auch in der Personalansprache abbilden.

Bisher wurden den Schritten der Ausschreibung inklusive einer optimierten Stellenausschreibung und den Schritten der Bewerberauswahl sowie der Vertragsgestaltung entscheidende Bedeutung in der Personalbeschaffung zugeschrieben. Das veränderte Kommunikationsverhalten und die Vielfalt der Interaktionskanäle bedingen aber, den Schritt der Ansprache und der dem Bewerbungsprozess im engeren Sinne vorgelagerten Kontaktaufnahme stärker zu betrachten. Die folgende Untersuchung und damit auch die Ableitung der Reife im Recruiting fokussieren auf die Analyse des Recruitingprozesses externer Kandidaten und die Ansprache im Vorfeld der Bewerbungsphase.

3.2 Online Recruiting und Social Media

Recruiting nach dem Ressource Based View agiert unter der Annahme, dass knappe, verfügbare Ressourcen im Unternehmen alloziert werden. Im Fall von Mitarbeitern als Humanressourcen findet die Ansprache von potenziellen Kandidaten eindirektional und linear statt. Selbst bei Erweiterung der reinen Ressourcentheorie um eine ganzheitliche Sicht in Richtung eines Kompetenz- und Talentmanagement-Ansatzes bleibt der Kommunikationsweg gleichgerichtet.

Die erste Stufe des Online Recruitings bedient sich technologischer Entwicklungen vorrangig aus Zeit- und Kostengründen. Dabei kopieren Tools des Web 1.0 lediglich die persönliche bzw. die physische Kommunikation in der Bewerberansprache und transformieren sie mittels Technologie in eine unpersönliche bzw. anonyme, gleichwohl lineare Kommunikation.

Beispiel

Typische Formen des Online Recruitings 1.0 sind dabei

- Karrierewebseiten,
- Stellenportale (Stepstone, Indeed, Monster),
- Recruitingsysteme (Talent Management Software, Bewerbermanagementsysteme).

Sender und Empfänger sind eindeutig identifiziert und die Kommunikationsabfolge ist determiniert. eRecruiting im Web 1.0 findet technologiebasiert und damit optisch und methodisch, nicht aber zwangsläufig prozessual modifiziert statt. Vorteile ergeben sich vor allem aus der Orts- und Zeitunabhängigkeit (Effizienz) sowie der Massenkommunikation.

Eine weitaus deutlichere Potenzierung der Anforderung an Flexibilität und Komplexität erfährt der Recruitingprozess durch das Web 2.0 bzw. die Kommunikation via Social Media.

Völlig neuartige Möglichkeiten der Interaktion verändern deren Richtung; vielmehr ist diese nicht mehr vorgegeben, nachvollziehbar, steuerbar und kontrollierbar. Die Mehrdimensionalität der Kommunikation muss sich – den Anforderungen der digitalen Gesellschaft folgend – auch in den Touchpoints der Personalansprache abbilden.

Online Recruiting im Web 2.0 kann aus einer Vielzahl von Kommunikationstools schöpfen wie z. B.

- (Corporate) Blogs,
- soziale Netzwerke (Facebook, Instagram, Twitter),
- Videoplattformen (YouTube),
- Bewertungsplattformen (kununu, Glassdoor, Xing, LinkedIn),
- virtuelle Communities.

Kommunikation findet multidimensional und crossmedial statt (1.0); die Interakteure und die Interdependenzen gehen in zunehmendem Maße über die im Kernkommunikationsprozess Beteiligten hinaus (2.0).

Recruiting entwickelt sich durch Social Media und die daraus resultierenden immer komplexeren und schnelleren Kommunikationsprozesse von einer ressourcenorientierten Phase über den digital gestützten Austauschprozess hin zu einem beziehungsbasierten Ansatz.

Die möglichen verwendeten Touchpoints des Web 1.0 und des Web 2.0 ergänzen sich dabei, auch wenn die Tools der Stufe 1 als Standard und die der Stufe 2 als Herausforderung des Recruiting angeführt werden. Es geht nicht mehr allein um Stellenprofile und deren Besetzung, sondern um die Sichtbarkeit und die Attraktion als Arbeitgeber, der um die Fähigkeiten und Kompetenzen („Skills") des Bewerbers wirbt (Girard und Fallery 2012, S. 46 f.).

Recruitingreife

Die Recruitingreife bezogen auf das Online Recruiting eines Unternehmens bildet sich ab

- in der Präsenz einer Karrierewebseite;
- im Vorhandensein von Social-Media-Kanälen (Facebook/Instagram/XING/LinkedIn);
- in der aktiven Integration von Bewertungsportalen;
- in einer Corporate Community (Blog, Chatroom, geschlossene Gruppen)

als Spiegelbild einer Netzwerkkommunikation und multipler Touchpoints mit den Bewerbern.

Literatur

Athanas, C., Wald, P. (2014): Candidate experience study. Berlin.

Girard, A., Fallery, B. (2012): E-recruitment: new practices, new issues. An exploratory study. T. Boudarouk and H. Ruel. Human Resource Information System, INSTICC Press, S. 39–48.

Employer Branding

4

Die Employer Brand (Arbeitgebermarke) ist Teil der Unternehmensmarke. Sie darf singulär betrachtet, allerdings nicht ohne Zusammenhang zur übergeordneten Markenstrategie entwickelt werden. Employer Branding fokussiert auf den Arbeitsmarkt und bildet die Unternehmensmarke zielgruppenspezifisch in Richtung Arbeitnehmer (potenzielle und aktive Bewerber sowie künftige und aktuelle Mitarbeiter) ab.

Die Begriffe Employer Brand und Arbeitgebermarke werden synonym verwendet; Employer Branding bezeichnet den zugehörigen Prozess.

Die Arbeitgebermarke ist das Paket aus psychologischem, wirtschaftlichem und funktionalem Mehrwert, der seitens des Arbeitgebers angeboten und durch die Arbeitnehmer identifiziert wird (Wilden et al. 2010, S. 57). Kernelement des Recruitingprozesses ist somit die Übermittlung mindestens aller *notwendigen* Informationen, die das Unternehmen als wünschenswerten Arbeitsplatz erscheinen lassen. Employer Branding fasst alle Kommunikationsaktivitäten seitens des Unternehmens in Richtung potenzieller (und aktueller) Mitarbeiter zusammen. Damit können Stellen, Arbeitsplätze und offene Positionen ebenso als „vermarktungsfähige" Produkte angesehen werden wie die Konsumgüter und Dienstleistungen eines Unternehmens. Für diese einzelnen Produkte bildet die Arbeitgebermarke die Klammer, die sich in der Reputation und dem Image des Unternehmens manifestiert (Micik und Micudova 2018, S. 172 f.).

Im Bereich des Produktmarketings ist eine eindeutige, konsumentenorientierte und klare Kommunikation im Sinne der Informationstransparenz „state of the art", die Arbeitgebermarke hingegen wird noch selten auf gleichartige Weise repräsentiert. Wilden et al. (2010) untersuchen diese Lücke im (Arbeitgeber-) Marketing vor dem Hintergrund der Principal-Agent-Theorie.

▶ **Principal-Agent-Theorie** Die Principal-Agent-Theorie untersucht Beziehungen, in denen ein Teilnehmer oder eine Gruppe der Interagierenden Informationsvorsprünge gegenüber den anderen aufweist. Diese Informationsasymmetrien bewirken Ineffizienzen bei der Vertragsbildung oder Vertragsdurchführung. Im schlechtesten Fall kommen Verträge bzw. Beziehungen jeglicher Art aufgrund dieser fehlenden oder unvollständigen Informationen nicht zustande. Für Bewerbungsprozesse muss ein solches Informationsungleichgewicht fast immer vorausgesetzt werden.

Während diese sich im Kern mit der Frage beschäftigt, inwiefern die Zielsetzungen von Prinzipal und Agent in Übereinstimmung gebracht werden können, erweitern die Autoren den Ansatz hier insofern, als dass sich Arbeitnehmer und Arbeitgeber in der aktuellen Arbeitsmarktsituation nicht in einem eindeutigen Über-/Unterstellungsverhältnis befinden. Vielmehr wechseln die Machtverhältnisse je nach Branche, Region und konjunkturellen Rahmenbedingungen (Arbeitgeber- versus Arbeitnehmermarkt).

Sowohl auf Seiten des Arbeitgebers wie auch auf Seiten des Arbeitnehmers bestehen unvollständige Informationen. Die Bedeutung dieser Informationsasymmetrie ist insbesondere relevant vor dem Hintergrund der mittel- bis längerfristigen Natur des Produkts „Beschäftigung". Auch wenn sich die Dauer von Beschäftigungsverhältnissen im Laufe der Zeit durchschnittlich leicht verkürzt hat (Rhein und Stüber 2014, S. 3), so ist der Prozess der Stellenbesetzung doch aufseiten aller Beteiligten mit einem hohen zeitlichen und finanziellen Aufwand verbunden, den es effizient zu betrachten gilt.

Sofern dieses bilaterale Risiko der Unsicherheit also besteht, muss es Ziel eines modernen Recruitingprozesses sein, so viele Informationen wie möglich dem Bewerber bereitzustellen und umgekehrt von den potenziellen Arbeitnehmern zu erfahren. Gerade im aktuellen Prozess einer Umkehrung von Machtverhältnissen auf dem Arbeitsmarkt muss weitestgehende Informationstransparenz den Benchmark für alle Prozessbeteiligten darstellen.

▶   **Wichtig**
    Je präziser die Employer Brand definiert ist und je zielgruppengerechter sie über die relevanten Kommunikationskanäle ausgespielt wird, desto eher kann sich ein Unternehmen als attraktiver Arbeitgeber am Markt und infolgedessen seine Vakanzen als Produkte bei den potenziellen Arbeitnehmern platzieren.
    Dabei gilt, dass die Arbeitgebermarke als „siamesischer Zwilling" der Unternehmensmarke gesehen wird.

4.1   Die Employer Value Position als Element des Employer Branding

Employer Branding im Detail kann in drei wesentliche Elemente aufgespalten werden:

1. Value Proposition
   Das Werteversprechen ist die Summe aller Informationen, die ein Unternehmen gegenüber dem Markt abgibt. Es setzt sich zusammen aus der Unternehmenskultur, dem Management, den Werten der Mitarbeiter und dem daraus resultierenden Image eines Unternehmens.
2. Externes Arbeitgebermarketing
   Externes Arbeitgebermarketing wird häufig synonym zum Employer Branding im engen Sinn verwendet. Exakt betrachtet ist es nur die „eine Hälfte" des Personalmarketingprozesses und zwar die, die sich mit allen Werteversprechen des Unternehmens an den Arbeitsmarkt außerhalb des eigenen Unternehmens richtet.
3. Internes Arbeitgebermarketing
   Die andere Hälfte des operativen Employer Brandings spielt sich innerhalb des Unternehmens ab. Intern unterliegen die Werteversprechen einer ständigen Überprüfung. Je nach Verifizierung oder Falsifizierung werden sie damit durch die aktuellen Mitarbeiter gelebt bzw. kommuniziert oder nicht.

Je nach gewünschtem Ergebnis werden einmal das externe und ein anderes Mal das interne Arbeitgebermarketing als relevanter beurteilt. Vollständig und somit optimal im Sinne der Employer Value Position (EVP) sind sie nur gemeinsam (Bondarouk et al. 2013, S. 27 f.).

Aus der Summe der jeweiligen Aktionen, die ein Unternehmen im Wettbewerb als attraktiver Arbeitgeber und um Arbeitskräfte durchführt, entsteht die EVP als die „ideale Arbeitnehmerpersönlichkeit". Der Employer-Branding-Prozess insgesamt kann dann als optimal bezeichnet werden, wenn sich ausschließlich solche Mitarbeiter bewerben, die alle Anforderungen an eine vakante Position unter Einbezug der Unternehmenswerte und -ziele erfüllen.

In Zusammenhang mit der unter Kap. 4 beschriebenen Informationsasymmetrie greift diese einseitige Betrachtung der EVP insofern zu kurz, als dass auf Seiten des Arbeitgebers keine vollständige Klarheit darüber herrschen kann, welche Kompetenzen überhaupt zur Verfügung stehen können und welche das Unternehmen über die aktuell definierbaren hinaus für die Zukunft im Sinne dynamischer Fähigkeiten benötigt.

Für die grundsätzliche Analyse der Kommunikation im Recruiting ist dieser idealtypische Bewerber aber hilfreich.

In dem Moment, in dem die Kriterien an eine solche fiktive Person eindeutig identifiziert sind inklusive des Wissens um Raum für noch unbekannte, innovative Kompetenzen, können diese auch klar kommuniziert und nach außen sichtbar gemacht werden – dem Schritt der Identifikation können dann die Schritte der Kommunikation sowie der Interaktion folgen.

Auch wenn das Zusammenspiel aus internem und externem Personalmarketing relevant für die Herausarbeitung des EVP ist, wird hier wie aus Abb. 4.1 ersichtlich der Fokus auf das Recruiting im Sinne der externen Personalbeschaffung gelegt. Dies erfordert nicht zuletzt die Komplexität des Gesamtprozesses. Vielmehr können auch nur so exakte Aussagen betreffend den Kommunikationsprozess zwischen Arbeitgeber und externen Bewerbern getroffen werden.

Die Mehrdimensionalität der Kommunikation spiegelt sich auch im Recruitingprozess wider. Der Faktor der Sichtbarkeit eines Unternehmens durch eine Präsenz in unterschiedlichen Medien wird verstärkt durch den der Glaubwürdigkeit. Analoge (eindimensionale) Kommunikation wird nicht

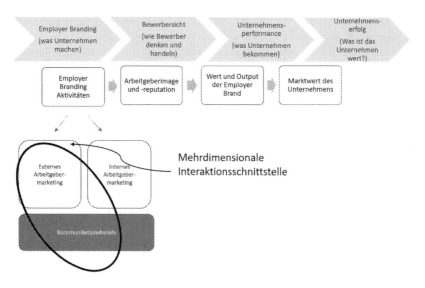

Abb. 4.1 Interaktion im relevanten Prozessausschnitt des Employer Branding. (Eigene Darstellung)

länger als ausreichend empfunden. Vielmehr wird eine größere Vielfalt an Kommunikationsmöglichkeiten mit einer höheren Glaubwürdigkeit des Unternehmens verbunden.

> ▷   Die Kommunikation der Employer Brand über diverse Medien ist folg-
>   lich Voraussetzung sowohl für die Sichtbarkeit eines Unternehmens
>   wie auch für das Vertrauen in dessen Arbeitgebermarke.

Während das Wissen um die Bedeutung neuer, crossmedialer Kommunikation im Recruiting auf Arbeitergeberseite durchaus vorhanden ist, stellt sich die operative Umsetzung in der Praxis insbesondere in KMU deutlich anders dar. So verfügen zwar 72 % der (deutschen) KMU über einen eigenen Internetauftritt. Die Studie von **Das Örtliche** in Zusammenarbeit mit der Search & Information Industry Association (SIINDA) kommt aber auch zu dem Schluss, dass 95 % der Webseiten Optimierungspotenzial haben. Hierzu zählen beispielsweise eine Optimierung für Tablet und Mobiltelefon, eine Integration von Social Media sowie die Aktualität der Inhalte (Das Örtliche 2018).

Webseiten als Tool in der Unternehmenskommunikation sind ein eingeführtes und akzeptiertes Element im Marketingmix. Das Kommunikationsverhalten hier ist im Vergleich zu dem über andere digitalen Medien im Prozess des Human Ressource Managements (HRM) gut dokumentiert.

Über die Qualität des *Recruitingprozesses* bzw. des Employer Branding als Schnittstellenbetrachtung aus Marketing und HRM via Webseite lassen sich auf dieser Basis aber noch keine ausreichenden Erkenntnisse ziehen.

Noch deutlicher stellt sich der Untersuchungsbedarf in Bezug auf Social Media als Kommunikationstool im Recruiting dar. Weder der aktuelle Stand der wissenschaftlichen Forschung noch aktuelle Umfragen geben (umfassenden) Aufschluss über den quantitativen und qualitativen Einsatz unterschiedlicher Social-Media-Tools und Kanäle im Recruiting seitens der KMU.

Einstimmigkeit herrscht aber auch hier über die Tatsache, *dass* Kommunikation stattfindet und zwar unabhängig davon, ob ein Unternehmen diese aktiv steuert oder nicht. Nicht zuletzt aufgrund dieser Verschiebung eines durch das Unternehmen kontrollierten Recruitingprozesses hin zu einem – in Analogie zur Alltagskommunikation – Prozess mit unterschiedlichsten Touchpoints und Interdependenzen, ist der Einbezug unternehmensunabhängiger Kommunikationsplattformen (Social Media: Facebook, Instagram etc.) und -wege in den Recruitingprozess im Sinne eines ganzheitlichen Employer Branding von hoher Relevanz (Theurer et al. 2018, S. 167).

4.2   Social Media im Employer Branding

In den kommenden fünf Jahren wird Social Media Einfluss nehmen auf

- das Image eines Arbeitgebers,
- die Sichtbarkeit des Unternehmens,
- die (soziale) Verantwortung eines Unternehmens,
- die Rolle des Kunden,
- den Recruitingprozess.

Das veränderte Kommunikationsverhalten muss vollständig auch im Prozess der Bewerberattraktion Einzug finden.
Kernpunkte der Praxisanalyse sind

1. die Transparenz in der Kommunikation,
2. der Interaktionsbedarf aufseiten des Unternehmens und des Bewerbers,
3. die Reichweite und
4. die Sichtbarkeit eines Unternehmens.

Social Media findet dabei Einsatz und Einfluss in allen drei Elementen des Employer Branding (Abschn. 4.1); für den Untersuchungsgegenstand des externen Arbeitgebermarketings sind Veränderungen in der Recruitingstrategie ebenso wie in der übergeordneten Managementstrategie, im Umgang mit Wissen und im Erlernen technologischer Fertigkeiten als entscheidende Herausforderungen seitens der Personalverantwortlichen genannt worden (Bondarouk et al. 2013, S. 41).

Die Veränderungen im Kommunikationsverhalten wirken somit nicht allein auf den unmittelbaren Recruitingprozess, in dem neue Tools zum Einsatz kommen, sondern sie brechen darüber hinaus Strukturen im Unternehmen auf. Der Einsatz von Social Media und der Weg hin zu einem mehrdimensionalen Kommunikationsverhalten fordern eine Vernetzung und intensive Zusammenarbeit über gewohnte Abteilungsstrukturen hinaus. Personal, Marketing und IT stehen nicht länger nebeneinander, sondern werden durch Schnittstellenprozesse ebenso wie durch (technologiegestützte) Managementprozesse integriert. Auch wenn die nachfolgende Methodik den externen Arbeitgebermarketingprozess in den Fokus stellt, sind Wechselwirkungen auf das Unternehmen als Ganzes (Value Position) und das interne Employer Branding durch die Verzahnung unmittelbar betroffen.

„With social media everything is connected". (Bondarouk et al. 2013, S. 54)

Welchen Beitrag Social Media im Detail zu den unterschiedlichen Elementen des Employer Branding leisten kann, verdeutlicht die Abb. 4.2.

Im Bereich der sozialen Netzwerke erfolgt externes Employer Branding zur Unterstützung des Recruitingprozesses durch die Erstellung von Unternehmensprofilen. Durch eine zielgruppengerechte Auswahl, Steuerung und inhaltliche Gestaltung dieser Kanäle kann ein neuer und größerer Bewerberkreis erreicht werden. Soziale Netzwerke zeichnen sich aus durch eine hohe zeitliche Aktualität, eine unmittelbare Interaktion und einen direkten Kundenkontakt. Die Kommunikationsrichtung ist nicht vorgegeben, sodass über soziale Netzwerke sowohl Bewerber auf das Unternehmen aufmerksam werden können wie umgekehrt.

Corporate Blogs bieten die Chance eines tieferen, wissensbasierten Einblicks in das Unternehmen. Die Gestaltungsmöglichkeiten sind auch hier vielfältig. Sie reichen von der Geschichte des Unternehmens über Projektberichte, Veranstaltungen, Stellenprofile bis hin zu persönlichen Erfahrungen der Mitarbeiter. Über eine Kommentarfunktion besteht die Möglichkeit zur Interaktion. Gute Geschichten wecken hier Aufmerksamkeit über das Kernprodukt des Unternehmens hinaus. Neben der Informationsvermittlung dienen sie dem Transport

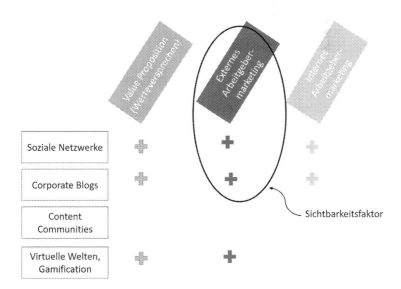

Abb. 4.2 Sichtbarkeit durch Social Media im Employer Branding. (Eigene Darstellung)

von Emotionen und Insiderwissen und bauen so persönliche Verbundenheit (Involvement) und Vertrauen auf.

Zunehmend Relevanz gewinnen Bewertungsportale und -plattformen. Sie stellen einen Baustein im Prozess der Reduktion der Informationsasymmetrie insbesondere auf Seiten des Bewerbers dar. Aufgrund der Anonymität authentischer Bewertungen ohne den (werbenden) Einfluss des Unternehmens können Rankings und Empfehlungen eine neutrale Rolle im Recruitingprozess einnehmen. Dies gilt solange, wie die Transparenz der Kommunikation auch über diese Plattformen gewahrt bleibt insbesondere was die Echtheit von Bewertungen betrifft.

4.3   Employer Branding und Online Recruiting in KMU

Die einschneidenden Veränderungen durch digitale Medien auf das Kommunikationsverhalten müssen im Recruiting ihre Fortsetzung finden. Komplexität und Reduktion sind dabei Gegenspieler: weil Informationen jederzeit und in einem kaum messbaren Umfang verfügbar sind, ist es notwendig, durch eindeutige Markensignale sichtbar zu sein. Dies gilt auf Unternehmens- wie auf Recruiterebene. Auch wenn die Generation Y stärker als die Generationen zuvor mit digitalen Tools vertraut ist, lässt sich das veränderte Kommunikationsverhalten als gesamtgesellschaftlicher Trend erkennen.

Während die aktive Nutzung von Social Media seitens der Unternehmen im Recruitingprozess noch keine signifikante Rolle spielt, nutzen bereits fast 50 % der Bewerber mindestens ein Social-Media-Netzwerk im Laufe des Informations- und Bewerbungsprozesses.

Im Klartext heißt dies, dass diese nutzergetriebenen Tendenz hin zu einer Digitalisierung des Recruiting, noch wenig Niederschlag in den Prozessen und im Kommunikationsverhalten findet. Auch hier fehlen aber dezidierte Aussagen aus den KMU.

Zwischen der Employer Brand – durch den Bewerber wahrgenommen als die Summe der Unternehmenswerte und die Ansprache im Recruitingprozess – und dem Erfolg des (externen) Rekrutierens von Mitarbeitern besteht ein unmittelbarer Zusammenhang. Die Employer Brand entsteht durch eine differenzierte EVP, ein klares Markenbild, eine zielgruppengerechte Kommunikation der Arbeitgebermarke und den Rekrutierungserfolg als Messgröße.

Sie ist umso wichtiger je mehr Reputation als hochrelevanter Wettbewerbsfaktor angesehen wird. Gleichzeitig steigt ihre Relevanz mit den markenbildenden Attributen, die sich in der EVP manifestieren. Insbesondere die Bedürfnisse der Generationen Y und Z nach Beschäftigungsverhältnissen, die über eine Passgenauigkeit der Kompetenzen hinaus die Möglichkeit der Identifikation mit ganzheitlichen Wertevorstellungen beinhalten, machen die Arbeitgebermarke zu einem zentralen Element des Personalmanagements insgesamt und des Recruitings im Besonderen.

▷ **Wichtig**
Daraus ergeben sich für KMU Anforderungen an

- die Sichtbarkeit via Unternehmenswebseite; in Bezug auf das Recruiting auch via Karrierewebseite (bzw. einer transparent gestalteten Integration in die Webseite),
- ein zielgruppengerechtes (bedürfnisgerechtes) Kommunikations-angebot,
- eine aktive und bewerberzentrierte Kommunikation,
- das Bewusstsein für den Einfluss von Kommunikation über Touchpoints, die außerhalb der Reichweite und Steuerungsfähigkeit des Unternehmens liegen,
- die Ausrichtung der Organisation auf veränderte soziale und mediale Kommunikationsprozesse.

Ziel ist die Übersetzung der EVP in das Employer-Brand-Konzept des Unternehmens.

Reife der EVP

Die Reife der Employer Value Position bildet sich ab

- in der Schnittstellendefinition von Marketing, Kommunikation und HR,
- in einem Bewusstsein über Interdependenzen zwischen Unternehmens- und Arbeitgebermarke,
- in der Ableitung einer Strategie für die Außendarstellung des Unternehmen aus dieser gegenseitigen Abhängigkeit

sichtbar gemacht in innovativen organisatorischen Maßnahmen und veränderten Zuständigkeiten im Recruitingprozess.

Literatur

Wilden, R., Gudergan, S., Lings, I. (2010): Employer branding: strategic implications for staff recruitment. In: Journal of Marketing Management, Vol. 26, Nos. 1–2, February 2010, S. 56–73.

Micik, M., Micidova, K. (2018): Employer Brand Building. Using Social Media and Career Websites to attract Generation Y. In: Economics and Sociology, 11(3), Centre of Sociological Research, S. 171–189.

Rhein, T. Stüber, H. (2014): Bei Jüngeren ist die Stabilität der Beschäftigung gesunken. IAB-Kurzbericht 3/2014, Institut für Arbeitsmarkt- und Berufsforschung (IAB) der Bundesagentur für Arbeit, Nürnberg.

Das Örtliche Service- und Marketing GmbH (2018): Gut sichtbar im Internet, Ergebnisse der gemeinsamen Studie von Das Örtliche und der Search & Information Industry Association (SIINDA), Analyse von 190.000 Websites deutscher KMU, https://www.dasoertliche.de/unternehmen/wp-content/uploads/2019/05/190516_Das_Oertliche_Whitepaper-Gut-sichtbar-im-Internet.pdf, Zugriff am 23.11.2019.

Theurer, C., Tumasjan, A., Welpe, I., Lievens, F. (2018): Employer Branding: A Brand Equity-based Literature Review and Research Agenda. In: International Journal of Management Reviews, Vol. 20, S. 155–179.

Bondarouk, T., Ruel, H. Axinia, E., Arama, R. (2013): What ist the Future of Employer Branding through Social Media? Results of the Delphi Study into the Perceptions of HR Professionals and Academics. In: Social Media in Human Resources Management. Avance Series in Management, S. 23–57.

Studien zum Recruiting 5

Damit aus den Ergebnissen der aktuellen Recruiting- und Bewerberstudien eine Strategie für KMU abgeleitet werden kann, ist die Formulierung operativer Kriterien eine zwingende Voraussetzung. Diese ergeben sich logisch aus den bis hierher festgestellten Anforderungen an eine innovative Kommunikation und eine sichtbare Employer Brand (siehe Tab. 5.1).

Eine umfassende Analyse von Recruitingprozessen aus der Sicht sowohl von Bewerbern wie auch der Unternehmen kann in einer ersten Annäherung auf Basis von Studien vorgenommen werden, die neben wissenschaftlich motivierten Arbeiten – der Arbeitsmarktlage und der Brisanz des Thema geschuldet – von diversen Instituten, Agenturen und Unternehmen, die Recruiting als Produkt vermarkten und verkaufen – publiziert werden. Die im Folgenden anhand des Kriterienkatalogs untersuchten Studien bilden einen Querschnitt dieser Herausgeber ab. Die breit angelegte Sekundäranalyse bietet sich als Basis der anschließenden empirischen und selektiveren Untersuchungen an.

Die Studie *„Bewerbungsreport 2018/2019"* untersucht die Wahrnehmung von 6589 Teilnehmern bezüglich ihres Recruitingprozesses („Candidate Journey"). Die Ergebnisse der Befragung durch die Softgarden eRecruiting GmbH als Anbieter einer Recruiting App spiegeln damit die Sicht der Zielgruppe wider (Softgarden 2019).

Mit der Personalwirtschaft Studie *„Recruiting-Strategien 2018"* der Zeitschrift für Personalwirtschaft in Zusammenarbeit mit talentry, textkernel und Stepstone werden in erster Linie der Wissensstand der Unternehmen betreffend das digitale Recruiting beleuchtet. Hierzu wurden im ersten und zweiten Quartal 2018 knapp 170 Berufstätige aus der Personalbranche befragt (Jäger und Meurer 2018).

© Der/die Herausgeber bzw. der/die Autor(en), exklusiv lizenziert durch
Springer Fachmedien Wiesbaden GmbH, ein Teil von Springer Nature 2020
S. Schnitzler, *Online-Kommunikation im Recruiting für KMU*, essentials,
https://doi.org/10.1007/978-3-658-29977-4_5

Tab. 5.1 Kriterien zur Auswertung von Recruiting-Studien, Karrierewebseiten und Expertenmeinungen in Bezug auf ihre Aussagekraft in Richtung einer Online Recruiting Strategie für KMU

Anforderung	
Kommunikationsangebot (aus Abschn. 2.2)	1. Transparenz des Bewerbungsprozesses 2. Bewerbungsmöglichkeiten (postalisch, Mail, Portal, offen) 3. Vorhandensein von Social-Media-Kanälen (Facebook/ Instagram/XING/LinkedIn) 4. Interaktion via Mail/Hotline/Chat/Whatsapp
Sichtbarkeit via Unternehmenswebseite (aus Abschn. 3.2)	1. Präsenz einer Karrierewebseite 2. Responsive Design
Touchpoints außerhalb des Bewerbungsprozesses (aus Abschn. 3.2)	1. Einbindung von externen Bewertungsportalen 2. Existenz eines Unternehmensblogs
Organisationsstruktur (aus Abschn. 4.3)	1. Zuständigkeiten im Recruitingprozess 2. (durchschnittliche) Dauer einer externen Stellenbesetzung 3. Benefits

Kriterien zur Auswertung von Recruiting- Studien, Karrierewebseiten und Expertenmeinungen in Bezug auf ihre Aussagekraft in Richtung einer Online Recruiting Strategie für KMU

Die *Recruiting Trends 2019* werden erhoben von den Universitäten Bamberg und Erlangen-Nürnberg, dem Centre of Human Resources Information Systems (CHRIS) und der Online Jobbörse Monster. Parallel dazu erhebt das CHRIS mit der *Bewerbungspraxis 2019* eine jährliche Kandidatenstudie, im Bezugsjahr 2019 mit 3300 Kandidaten (Weitzel et al. 2019).

Den Bezug zur relevanten Unternehmensgruppe der KMU stellen schließlich die Ergebnisse der IAB Stellenerhebung 2016 her, die das Institut für Arbeitsmarkt und Berufsforschung im Auftrag der Bundesagentur für Arbeit erhebt und an der sich rund 12.000 Betriebe aus dem KMU-Sektor beteiligt haben (Bossler et al. 2017).

Mehr als die Hälfte aller Bewerber hat schon einmal ein Bewerbungsverfahren abgebrochen, obwohl das grundsätzliche Interesse an der Position noch bestand. Zu den drei Hauptgründen gehören solche, die im weitesten Sinne dem Bereich der Kommunikation zuzurechnen sind.

Der primäre Grund für einen Bewerbungsabbruch kann dem Kriterium der mangelnden Transparenz (umständliches Bewerbungsverfahren) zugeordnet werden. Bei rund 6600 Studienteilnehmern bedeutet dies, dass allein über 2100 der Befragten aufgrund Mängeln in der Kommunikation im weitesten Sinne den Stellenbesetzungsprozess aktiv beendet haben. Unmittelbar darauf folgt als Begründung eine zu langsame Reaktion des Unternehmens (als Zeichen für Mängel in der Kommunikation begleitet von solchen in der Organisationsstruktur), woraufhin weitere rund 1600 Bewerber eine attraktive Vakanz nicht mehr für sich in Betracht ziehen.

Der dritte Grund für eine Entscheidung gegen den Arbeitgeber – das unsympathische Auftreten eines Unternehmensvertreters – kann seine Ursache ebenso sowohl im Prozess einer mangelnden Kommunikation wie auch in Fehlern in der Organisationsstruktur als weiterem Beurteilungskriterium haben. 1600 Bewerber geben dies als Grund an.

Ferner ist eine schlechte Stellenanzeige gleichfalls an der Schnittstelle zwischen Kommunikation und Organisation einzuordnen.

Unter den sonstigen Gründen findet sich als bemerkenswerter Punkt das Abschneiden auf Bewertungsportalen. Ohne den genauen Wert zu kennen, muss für den Prozess angenommen werden, dass diese externen Touchpoints an Bedeutung gewinnen und – sofern sie einen Großteil dieses Items ausmachen – über 600 Bewerber aufgrund von Bewertungen, die nicht in der Steuerung des Unternehmens bzw. des Recruiters liegen, eine Position nicht mehr in Betracht ziehen.

Die aufgeführten Gründe weisen auf Dissonanzen in der Kommunikation hin, die somit insgesamt als nicht ausreichend zielgruppengerecht bewertet werden muss. Eine eindeutige Employer Brand, die Vertrauen in den Arbeitgeber über den gesamten Recruitingprozess aufbaut, fehlt; vielmehr entstehen durch die unterschiedlichen Wahrnehmungen Unsicherheit und Misstrauen. Die Erlebnisse im Bewerberprozess beeinflussen für über 80 % der Befragten die Sicht auf den Arbeitgeber. In erheblichen Maße (65 %) hat diese Erfahrung auch nachhaltige Auswirkungen auf das Unternehmen und seine Produkte. Der Zusammenhang zwischen Marken- und Arbeitgebermarkenkommunikation ist deutlich ausgeprägt.

Bei der Frage nach dem Bewerbungsweg geben fast 50 % der Befragten an, dass eine Bewerbung per Mail bevorzugt wird. Auch wenn „online" den Postweg fast vollständig ersetzt hat, bleiben die Bewerber hier bei der Desktop-Variante. Die Bewerbung via Smartphone („mobile Recruiting") spielt noch keine signifikante Rolle.

Fast gleichauf in der Nutzergunst liegt die Bewerbung via Onlineformular (44 %). Eindeutig lässt sich für diesen Kommunikationsschritt feststellen, dass eine Bewerbung zeit- und ortsunabhängig möglich sein muss. Es geht dabei um die Einfachheit der Bedienung, die Intuitivität und die Reproduzierbarkeit von Bewerbungen. Das Onlineformular trennt die Nutzer, die Individualität schätzen, von denen, die sich durch die vorgegebene Struktur sicher und geleitet fühlen. Für den (optimalen) Kommunikationsprozess im Sinne der EVP ist es daher notwendig, beide Verhaltensweisen abbilden zu können.

Bezüglich der Sichtbarkeit von Karrierewebseiten sind die Studienergebnisse eindeutig: Online Stellenbörsen stellen den Kanal dar, der am stärksten für das Recruiting genutzt wird. Direkt dahinter folgen Karrierewebseiten und Social-Media-Kanäle. Bei Einstiegspositionen, die zunehmend durch Bewerber der Generation Y und Z besetzt werden, nutzen 46 % die Karrierewebseiten des Unternehmens sowie 30 % (mindestens) einen Social-Media-Kanal. Ähnlich sehen die Zahlen für Hochschulabsolventen aus, die mit 43 % bzw. 27 % die zuvor genannten Kommunikationskanäle nutzen. Splittet man dies noch einmal nach Bewerbungs- und Einstellungskanal verschiebt sich der Schwerpunkt Richtung Online Stellenbörsen. Karrierewebseiten und Social-Media-Kanäle sind somit zwar als primärer Informationskanal akzeptiert. Der „Abschluss" des Bewerbungsprozesses findet aber häufig noch über etablierte („klassische") Kanäle statt – vor allem über solche, in denen das Unternehmen alle möglichen Touchpoints aktiv und autark steuern oder beeinflussen kann. Gerade in Bezug auf den Bewerbungseingang gewinnt die Karrierewebseite aber an Relevanz: Je nach Kandidatenzielgruppe nennen bis zu 30 % der Bewerber diesen Kanal als adäquaten Kommunikationsweg. Kleine Unternehmen setzen in Nischen zunehmend auf ein Recruiting via Social Media. Bei mittelgroßen Unternehmen ist die Verlagerung hin zu Karrierewebseiten am stärksten zu beobachten.

Im Bereich der KMU gehören Karrierewebseiten und Social-Media-Kanäle neben den Online Stellenportalen nach Ansicht der befragten HR-Experten zu den Top 3 Kanälen der Zukunft.

Bezüglich der Zielgruppe kommen auch die *Recruiting Trends 2019* zu dem Ergebnis, dass Online Recruitingkanäle generationenübergreifend genutzt werden. Lediglich bezüglich der Nutzung von Matching Apps kann bei der Generation Z eine Abweichung von den Top Kanälen verzeichnet werden. Das Bild bezüglich des Social-Media-Recruitings stellt sich auf Arbeitgeber- und Bewerberseite etwas differenzierter dar. Während die Unternehmen ihre finziellen und personellen Anstrengungen erheblich verstärken, ist die Begeisterung der Zielgruppe für Social Media im Bewerbungsprozess leicht gesunken. Grund hierfür kann sein, dass der Informationsbedarf auf Seiten der Bewerber der expliziten Strategie und dem Erkennen des Bedarfs einer Investition in diese Kanäle zeitlich vorgelagert war. Hier gilt es folglich wieder eine Kommunikationsbalance herzustellen. Dies spiegelt sich auch in den Kanälen wider. Eine vergleichsweise intensive Nutzung erfahren die Plattformen Xing und LinkedIn sowie die Social-Media-Kanäle Facebook und Twitter, während Instagram und Snapchat sowie Messangerdienste erst langsam aufholen. Hier sind die Ergebnisse auf Seiten der Unternehmen und der Bewerber vergleichbar.

Für die Recuiter bedeutet dies, dass Fähigkeiten zur zielgruppengerechten Kommunikation und zur Gestaltung von Employer-Brand-Kampagnen in den kommenden 5 Jahren zunehmend wichtiger werden gegenüber der klassischen Vor- und Endauswahl von Bewerbern.

Die Studie bestätigt ebenfalls die gestiegenen Anforderungen und Bedürfnisse von Bewerbern im Recruitingprozess. Dies ist relevant vor dem Hintergrund des Zusammenhangs zwischen der Employer Brand und der Unternehmensmarke. Eine positive Candidate Experience wird als Voraussetzung für Wertschätzung im Job angesehen. Für die durch das Unternehmen nur bedingt beinflussbare Kommunikation ist zu beachten, dass knapp 90 % der Kandidaten positive Erfahrungen im Stellenbesetzungsprozess an Dritte weitergeben – fast ebenso viele, nämlich 83 %, kommunizieren auch negative Erlebnisse weiter.

Die Studienergebnisse können trotz abweichender Unternehmensgröße als Benchmark für zukünftige Recruitingprozesse in KMU herangezogen werden. Eine entsprechende Studie im Mittelstand hat die Forschergruppe zuletzt in 2015 durchgeführt. Die Trends stellen sich auf der Seite der Bewerber vergleichbar dar. Ein eklatanter Unterschied ergibt sich in der Ressourcenverfügbarkeit in den Personalabteilungen der KMU. Der Bedarf an einer Veränderung des Recruitingprozesses unter Einbezug von Social Media war aber eindeutig. Gleichzeitig wurde die zentrale Relevanz der Unternehmenswebseite bestätigt, die in den Auswertungen 2019 nicht explizit berücksichtigt wird.

Als Benchmark sei hier der Wert der DAX-Unternehmen (DAX = Deutscher Aktienindex) angeführt: 93 % haben hier den Link zur Karrierewebseite auf der Startseite der Unternehmenswebseite platziert, ein eigener Menüpunkt ist immer sichtbar und offene Stellen sind mit maximal 2 Klicks erreichbar (Quast et al. 2019). Die Sichtbarkeit und die schnelle Auffindbarkeit der Recruitingwebseite sind absolut erfolgskritisch.

Auch aus Unternehmersicht stellt die Trennung in die Funktionsbereiche HRM, Employer Branding und Recruiting eine organisatorische Schwachstelle dar. Während für das Recruiting bei über 60 % der Unternehmen Mitarbeiter zur Verfügung stehen, trifft dies auf das Employer Branding nur in 36 % der Unternehmen zu. Aufgrund der steigenden Personalkosten für Positionen im Bewerbungsprozess auf der einen Seite und Maßnahmen auf der anderen Seite ist es insbesondere für KMU relevant, die Organisationsstruktur auf neue Recruitingprozesse auszurichten.

Die Daten des Instituts für Arbeitsmarkt- und Berufsforschung bestätigen die Such- und Besetzungswege für Neueinstellungen in KMU. Bei mittelgroßen Unternehmen informieren sich 71 % der Bewerber über die Firmenwebseite (die Karrierewebseite wird hier nicht explizit aufgeführt) und 23 % über Social Media. Bei den Besetzungen werden wieder stärker die klassischen Wege gewählt.

▶ **Wichtig**

Die Analyse der Studien zeigt, dass die Transparenz des Bewerbungsprozesses, eine Erstinformation mittels Karrierewebseite und Social Media sowie die Bewerbungsoption per Mail und/oder Onlineformular als Basisvoraussetzungen („must have") angesehen werden.

Dies gilt auch für das responsive Design, das Voraussetzung für den Einsatz zielgruppengerechter Informationsmedien ist.

Eine grundsätzliche Tendenz zur Organisationsveränderung als Folge eines veränderten Recruitingprozesses lässt sich aus den Studienergebnissen erkennen; diese wird in den Experteninterviews intensiver beleuchtet.

Literatur

Softgarden GmbH (2019): Bewerbungsreport. Wie nehmen Kandidaten aktuell Recruitingprozesse wahr? Softgarden eRecruiting GmbH Berlin.

Jäger, W., Meurer, S. (2018): Recruiting Strategien 2018. Erfolgreiche Instrumente zur Bewerbersuche. Wolters Kluwer Deutschland GmbH, Köln.

Weitzel, T., Maier, C., Oehlhorn, C., Weinert, C., Wirth, J., Laumer, S. (2019): Employer Branding / Social Recruiting und Active Sourcing - Ausgewählte Ergebnisse der Recruiting Trends 2019 und der Bewerbungspraxis 2019. Research Report, Otto-Friedrich-Universität Bamberg.

Bossler, M., Kubis, A., Moczall, A. (2017): Große Betriebe haben im Wettbewerb um Fachkräfte oft die Nase vorn. IAB Kurzbericht 18/2017, Institut für Arbeitsmarkt- und Berufsforschung (IAB) der Bundesagentur für Arbeit, Nürnberg.

Quast, C. u. a. (Hrsg.) (2019): Online Recruiting Stuide 2019. Jobspreader by Wollmilchsau GmbH Hamburg.

Recruiting Webseiten

6

Unter Verwendung der Kriterien aus Tab. 5.1 wurden in einem zweiten Schritt – von der Vogelperspektive herangezoomt in konkrete Unternehmenswirklich-keiten – Webseiten von KMU auf ihre Kommunikationsstärke hin untersucht.

Über eine Karrierewebseite mit eigener URL verfügen nur 9 der 107 unter-suchten Unternehmen. 23 Unternehmen haben weder eine Karrierewebseite noch einen Hinweis auf mögliche Stellen. Dazwischen liegen 75 Unternehmen, auf deren Webseiten (unterschiedlich gut auffindbar) ein Link zu Karriere-optionen in der Kopf- oder Fußnavigation integriert ist. In der Ausgestaltung lassen sich erhebliche Qualitätsunterschiede festmachen. So reichen die digitalen Umsetzungen von der Darstellung einer Vakanz in Form eines statischen Dokuments (pdf) bis hin zu einer interaktiven Abbildung des Bewerbungs-prozesses. Die Positiv- wie Negativbeispiele sind nicht systematisch einer Branche oder Unternehmensgröße zuzuordnen.

Über die Hälfte der untersuchten Webseiten sind responsive, sodass eine Erstinformation unabhängig vom Endgerät möglich ist. Die Bewerbung per Mail gehört – in unterschiedlichen Ausprägungen – zum Standard und ersetzt, wie auch die Studien gezeigt haben, die postalische Bewerbung. Bewerbungen über ein Onlineportal sind in 20 % der untersuchten Fälle möglich. Auch hier differieren die konkreten Umsetzungen vom statischen Formular bis hin zum externen Anbieter.

Eine positive Candidate Journey vermitteln solche Webseiten, die den potenziellen Interessenten Transparenz, Emotion und Nähe vermitteln. Hier-für lassen sich positive Beispiele finden, bei denen es aufgrund der inhaltlichen und optischen Gestaltung nicht notwendig ist, einen Unterschied zwischen einer integrierten Karrierewebseite und einer mit einer eigenen URL zu machen.

© Der/die Herausgeber bzw. der/die Autor(en), exklusiv lizenziert durch
Springer Fachmedien Wiesbaden GmbH, ein Teil von Springer Nature 2020
S. Schnitzler, *Online-Kommunikation im Recruiting für KMU,* essentials,
https://doi.org/10.1007/978-3-658-29977-4_6

Während sich insgesamt in den meisten Fällen Optimierungspotenzial feststellen lässt, zeigt ein konkreter Vergleich aber auch Best Practices auf

- Ein Bewerbungsweg skizziert anhand von interaktiven Kacheln führt den Bewerber proaktiv durch den Prozess.
- Mustervorlagen und Formulierungsvorschläge für Interessenten, deren Bewerbungserfahrung schon länger zurückliegt oder die noch in der Schule sind, senken die Einstiegshürde.
- Ein Live Chat trägt dem Anspruch an eine direkte beidseitige Kommunikation Rechnung.
- Bewertungen aus Arbeitgeberbewertungsportalen werden prominent platziert.
- Corporate Blogs informieren emotional und abseits des klassischen Prozesses über aktuelle Unternehmensnachrichten.
- Benefits werden noch vor den eigentlichen Stellenangeboten und Aufgabenbeschreibungen aufgeführt.
- Job Newsletter stellen ein Angebot für Interessenten dar, das gleichzeitig Bindung und dauerhafte Kommunikation ermöglicht.

Die Einbindung von Social-Media-Kanälen ist noch nicht in den Unternehmen angekommen. Lediglich 32 von 107 Unternehmen weisen auf ihre Social-Media-Kanäle hin. In einigen wenigen Fällen können im Bewerbungsprozess die Daten aus den Xing oder LinkedIN Profilen der Bewerber übernommen werden. Dem Wunsch der Bewerber als Ergebnis aus Kap. 5 nach einer Erstinformation via Social Media wird kaum Rechnung getragen. Weitere interaktive Kommunikationsformen (WhatsApp, Recruitinghotline etc.) sind nur im Ausnahmefall vorhanden.

17 der untersuchten Unternehmen haben ihre Bewertung bzw. ihre Rezensionen, die sie von Mitarbeitern und Bewerbern auf externen Plattformen erhalten, auf ihrer Webseite eingebunden und damit lediglich 18 % der Unternehmen. Dies ist bemerkenswert insbesondere vor dem Hintergrund, dass für 80 % der Unternehmen eine Bewertung auf Kununu als exemplarischer und reichweitenstärkster Plattform vorliegt.

Die Tatsache, dass Employer Branding auch außerhalb des unmittelbaren Kommunikationsbereichs stattfindet, ist in den Unternehmen noch nicht angekommen und damit auch nicht die Tragweite solcher externer Effekte.

Die Fragen

- Was ist Ihrer Meinung nach der wichtigste Faktor, der eine Veränderung des Recruitingprozesses auslöst?
- Inwieweit ist Ihr Unternehmen bzw. die Unternehmen, mit denen Sie in Kontakt sind, darauf vorbereitet? Welche expliziten Änderungen wurden in der Organisationsstruktur vorgenommen?
- Welche Benefits bietet Ihr Unternehmen an bzw. kennen Sie aus Ihren Beratungs- oder Forschungstätigkeiten?
- Wie lange dauert eine externe Stellenbesetzung durchschnittlich?
- Wie gehen Sie mit Arbeitgeberbewertungsportalen um? Welche Rolle spielen externe Bewertungen im Recruitingprozess?

Die Experten

- Britta Redmann – Director Human Resources, VEDA GmbH (KMU)
- Henner Knabenreich – Arbeitgebermarkenauftrittsoptimierer (Coach/Berater)
- Ralf Bruns – Hauptgeschäftsführer VUV Aachen (KMU/Arbeitgeberverband)
- Christian Dittrich – Geschäftsführer Dittrich & Kollegen (KMU)
- Valentin Vollmer – Gründer & Inhaber Coaching-Plattform CoachNow (Coach/Berater)
- Prof. Dr. Arndt Werner – Professor für allgemeine BWL, insb. Management von KMU und Entrepreneurship der Universität Siegen (Wissenschaft)

© Der/die Herausgeber bzw. der/die Autor(en), exklusiv lizenziert durch   31
Springer Fachmedien Wiesbaden GmbH, ein Teil von Springer Nature 2020
S. Schnitzler, *Online-Kommunikation im Recruiting für KMU*, essentials,
https://doi.org/10.1007/978-3-658-29977-4_7

Die Antworten

▶ **Was ist Ihrer Meinung nach der wichtigste Faktor, der eine Veränderung des Recruitingprozesses auslöst?**
Britta Redmann: Mangel an geeigneten Bewerbern in einer bestimmten (kurzen) Zeitspanne.

Henner Knabenreich: Wahrscheinlich, wenn die Schmerzen unerträglich werden. Oder aber wenn immer wieder unqualifizierte Leute eingestellt werden, die das Unternehmen schnell wieder verlassen oder Unruhe ins Team bringen...

Ralf Bruns: Da wegen des demografischen Wandels immer weniger Arbeitskräfte zur Verfügung stehen werden, wird der Wettbewerb unter den Firmen kontinuierlich stärker werden. Dieser Wettbewerb wird zu einem permanenten Optimierungsdruck führen, auch in Bezug auf den Recruitingprozess.

Christian Dittrich: Die „Klassiker" Geld – Auto – eigenes Büro usw. haben ausgedient. Die Bewerber von heute suchen einen Sinn in der Arbeit und möchten meist auch nicht nur im Unternehmen arbeiten, sondern auch am Unternehmen. Change Management ist ebenso ein Thema.

Valentin Vollmer: Mensch vor Prozess – das ist der entscheidende Unterschied. Recruiting kann Guidelines und Prozesse haben, aber letztlich muss der einzelne Mensch auf die Position und zum Unternehmen passen. Da treten Prozesse an 2. Stelle. Ich als Unternehmen möchte etwas vom Bewerber – es ist eher wie ein Flirt als ein starrer Prozess.

Prof. Dr. Arndt Werner: Die bisherigen Wege (Kanäle), die viele Unternehmen gewählt haben, um Arbeitskräfte zu rekrutieren, scheinen heute nicht immer vielversprechend zu sein. Die Digitalisierung hat hier einiges verändert. Was früher die Zeitungsannonce war, ist heute durch Social-Media-Kanäle oder Job Portale oder sogar Recruiting Events ersetzt worden. Derzeit sind auch Jobmessen von großer Relevanz für Arbeitgeber. Zusammengefasst ist der wichtigste Faktor, der eine Veränderung hervorruft, die Digitalisierung in Verbindung mit der Entwicklung hin zu einem Arbeitnehmermarkt.

▶ **Inwieweit ist Ihr Unternehmen bzw. die Unternehmen, mit denen Sie in Kontakt sind, darauf vorbereitet? Welche expliziten Änderungen wurden in der Organisationsstruktur vorgenommen?**

Britta Redmann: Strategische Ausrichtung des Recruitings (also mit Strategie dahinter); Aufbau neuer Kompetenzen in HR, z. B. Active Sourcing, Social Media; Auf-/Ausbau und Sichtbarkeit einer Arbeitgebermarke; Eigene Recruiting Ressourcen ausbauen

Henner Knabenreich: Das kommt drauf an. Eher wenig. Es sind ja keine Ressourcen da. Oder es gibt (vermeintlich) wichtigere Themen… Also eher keine.

Ralf Bruns: Die Unternehmen, die wir insoweit kennen, haben keine großen Veränderungen der Organisationsstruktur vorgenommen. Es wird wohl verstärkt auf externe Dienstleister gesetzt.

Christian Dittrich: Ich hatte viele Vorbilder in meiner Vor-Selbstständigenzeit getroffen, wie ich auf keinen Fall werden möchte. Das immer vor Augen, habe ich mich sehr früh dazu entschlossen, Verantwortung zu teilen. Wir sind vorbereitet durch: Klare Kommunikation der Erwartungen an Bewerber und viel Praxisbezug bereits beim Onboarding-Prozess. Wir haben die Stelle einer „Herzlichkeitsbeauftragen" geschaffen (keine Fulltime-Stelle bei 25 Personen!). Diese kümmert sich um das Wohlbefinden und Wohlergehen neuer Kolleginnen und Kollegen.

Valentin Vollmer: Mein eigenes Unternehmen ist zu klein und vor allem habe ich kaum eine Fluktuation. Aus der Erfahrung ist es aber wie in der Biologie: Als der Einzeller gemerkt hat, dass im Wasser keine Nahrung mehr gibt hat er Füße entwickelt und ist an Land gegangen. Ähnlich sieht es im Recruiting aus: Wenn keine Bewerber mehr zu meinen Konditionen verfügbar sind, muss ich die Rahmenbedingungen ändern. Aber tatsächlich passiert das oft erst mit großem Leidensdruck.

Prof. Dr. Arndt Werner: Da die Digitalisierung im Recruitingprozess kein sehr neuer Trend mehr ist, sind die Unternehmen in ihrer Planung und Entwicklung, meiner Einschätzung nach, relativ gut hierauf eingegangen – auch wenn dies etwas Zeit benötigt hat. Auch die kleinen und mittleren Unternehmen haben begriffen, dass „Employer Branding" mittlerweile ein wichtiger Faktor ist, auch wenn dieses in vielen Unternehmen, gerade KMU, noch recht wenig professionalisiert oder strategisch organisiert ist. In vielen Unternehmen wurden die Organisationsstrukturen um qualitative Arbeitnehmerentwicklungs- prozesse und -maßnahmen ergänzt.

▷ **Welche Benefits bietet Ihr Unternehmen an bzw. kennen Sie aus Ihren Beratungs- oder Forschungstätigkeiten?**

Britta Redmann: Dienstwagen, Homeoffice, flexible Arbeitszeiten, Massage, Yoga, Rabatte

Henner Knabenreich: Zusätzliche Urlaubstage, Home Office, Obstkorb, flexible Arbeitszeiten, Sabbaticals, Boni, komplexe Weiter- bildungsmöglichkeiten, „Expertenkarriere", auf Persönlichkeit/persön- liche Entwicklung zugeschnittene Weiterbildung, „choose your own device", Einkaufsgutscheine, Geldwerter Vorteil, JobRad, Dienst- wagen, Kita, Sportprogramme/BGM, 13.–14. Gehalt, Jobticket, Smart- phone + Vertrag, BAV etc. pp.

Ralf Bruns: Aktuelle Benefits sind z. B. in den aktuellen Tarif- abschlüssen der Metall-und Elektroindustrie (ca. 2.5 Mio. Arbeit- nehmer) und auch der Chemieindustrie (ca. 500.000 Arbeitnehmer) dass Mitarbeiter wählen können, ob sie mehr Geld haben wollen oder lieber mehr freie Tage. In der Chemieindustrie wurde vor drei Wochen (Okt. 2019, Anm. des Autors) auch die Einführung einer betrieblichen Pflegeversicherung vereinbart. Das Bedürfnis vieler Menschen nach sozialer Absicherung wird so berücksichtigt.

Christian Dittrich: Für uns sind das eigentlich keine besonderen Dinge, aber im Vergleich offenbar schon: kostenfreier Parkplatz alter- nativ: Übernahme KVB-Ticket; unlimitierte Internet-Nutzung; freie Arbeitszeiten; beliebig viel Urlaub; Personal Trainer in der Firma; gemeinsame Aktionen 1 × /Quartal; Nettoentgeltoptimierung (Firmen- kreditkarte, Übernahme privater Handy-/Internetkosten); freie Wahl des Firmenwagens; vertriebliche Altersvorsorge mit eigenem Ver- sorgungswerk – raus aus der klassischen bAV; freie Getränke heiß und kalt; 2 × pro Jahr interne Präsentation internster Zahlen, damit jede/r weiß, wo das Unternehmen steht

Valentin Vollmer: ZEIT & FREIHEIT; RESPEKT & BEFÄHIGUNG

Es sind Lösungen, die den Mitarbeiter einen mündigen Menschen bleiben lassen. Etwa das 13. Monatsgehalt für Weiterbildung – und zwar egal für welche. Das kann der Kochkurs in der Toskana sein. Hauptsache wir lernen. Agile Lerncoaches sind ein Benefit, die das

Team auf dem individuellen Lernweg regelmäßig und selbstwirksam begleiten. Lerne, egal was!

Es sind bitte nicht der Obstkorb und das E-Bike.

Prof. Dr. Arndt Werner: Die Unternehmen versuchen eine bessere Vereinbarkeit von Beruf und Familie herzustellen und mehr Flexibilität für den Arbeitnehmer zu gewährleisten. Hier ist bspw. das Angebot eines Betriebskindergartens zu nennen. Der Arbeitnehmer von heute, im Speziellen der Generation X oder Y, legt großen Wert auf diese weichen Faktoren abseits von reinen monetären Benefits.

▶ **Wie lange dauert eine externe Stellenbesetzung durchschnittlich?**

Britta Redmann: Das kommt wirklich total auf die Position an. Zwischen 1 Monat – 7 Monate

Ralf Bruns: Je nach Qualität des Mitarbeiters 3 bis 9 Monate.

Christian Dittrich: ca. 3 Monate

Prof. Dr. Arndt Werner: Hier ist eine pauschale Antwort kaum zu treffen. Die durchschnittliche Stellenbesetzungszeit hängt von vielen Faktoren ab: Branche in der das Unternehmen agiert, Präsenz des Unternehmens, benötigter Spezialisierungsgrad der Mitarbeiter. Sehr wichtig ist hier auch anzumerken, dass es sehr abhängig vom nachgefragten Berufsbild ist, Stichwort – Fachkräftemangel.

▶ **Wie gehen Sie mit Arbeitgeberbewertungsportalen um? Welche Rolle spielen externe Bewertungen im Recruitingprozess?**

Britta Redmann: Proaktiv. Wir bemühen uns hier aktiv um eine gute Beteiligung und Resonanz. Aus Bewerbungsgesprächen hören wir immer wieder, dass kununu ein wichtiger Faktor war, warum sich Bewerber dann für uns entschieden haben.

Henner Knabenreich: Die einen versuchen mit Transparenz beim Bewerber zu punkten, binden etwa den kununu-Score mit ein, verweisen auf den Kultur-Kompass. Gehen auf Bewertungen ein. Fördern im Unternehmen/bei Bewerbern gezielt Bewertungen. Die anderen halten das für Teufelszeug und ignorieren das Ganze lieber. kununu? Was ist kununu?

Ralf Bruns: Solche Bewertungen spielen lediglich für manche Firmen eine Rolle, insbesondere bei schlechten Bewertungen.

Christian Dittrich: Hier sind wir noch etwas uneinig. Die Portale geben unreflektiert, uneditiert und ungeprüft die Meinung eines Menschen wieder der behauptet, (Ex-)Mitarbeiter der Firma zu sein. Jedoch sind kununu und Co. nicht weg zu diskutieren. In unserem Fall sind die schlechten Bewertungen so dermaßen schlecht, dass laut Auskunft der Bewerber jedem sofort ins Auge springt, dass da was nicht stimmt. Die guten Bewerber haben vor einem Vorstellungsgespräch die Portale gelesen, davon können wir inzwischen ausgehen.

Valentin Vollmer: Meine „Faustformel": Je jünger der Bewerber, desto wichtiger das Bewertungsportal.

Die ersten Unternehmen, die Profile auf Facebook hatten, haben ähnliche Erfahrungen gemacht wie heute auf Jobportalen. Man zögert. Dabei muss klar sein: Die Diskussion auf den Plattformen findet auch ohne Aktivität des Unternehmens statt. Also lieber mitmachen, als zuschauen oder zu spät sein. Bewerber können übrigens auch zunehmend zwischen gefakten und echten Profilen unterscheiden – die Sensibilität für (Online)Empfehlungen ist absolut gestiegen.

Prof. Dr. Arndt Werner: Die Rolle von Arbeitgeberbewertungsportalen hat im Rahmen der oben genannten Digitalisierung des Recruitingprozesses deutlich zugenommen. Es ist durch Plattformen wie kununu & Co. sehr einfach geworden einen ersten Eindruck von dem potenziellen Arbeitgeber zu gewinnen. Dennoch sollte immer beachtet werden, dass die Bewertungen rein subjektiv sind und man den Hintergrund einer Bewertung nicht kennt.

Bei der Frage nach dem wichtigsten Veränderungsfaktor im Recruitingprozess sind sich die befragten Experten einig:

▶ Es ist der (externe) Leidensdruck, der die Unternehmen zum Umdenken anregt.

Allerdings ist der Druck noch nicht so groß, dass die neuen Kommunikationskanäle schon aktiv implementiert werden.

Dies lässt sich unterschiedlich begründen: eine Gruppe Unternehmen verharrt noch im alten System, in dem Arbeitgeber den Takt vorgeben und der Arbeitnehmer sich nach deren Vorgaben zu richten hat. Anzunehmen ist hier, dass der Mangel an geeigneten Bewerbern noch nicht erfolgskritisch spürbar ist. Dies wird untermauert durch faktisch ausbleibende Reallohnsteigerungen als Indikator für erfolgskritische Vakanzen. Häufiger sind nach Meinung der Experten allerdings Gründe, die in der Budget- und Personalressourcenausstattung ihre Erklärung finden.

Bezüglich der Änderungen in der Organisationsstruktur ergibt sich ein sehr differenziertes Bild. Aus Sicht des Vertreters des Arbeitgeberverbandes ist noch kein großer Anpassungsdruck zu spüren und die Unternehmen setzen primär auf externe Dienstleister im Recruitingprozess und vertrauen gerade vor dem Hintergrund der disruptiven Veränderungen auf deren jahrelange Expertise. Dies deckt sich mit den Studienergebnissen, denen zufolge Online Portale nach wie vor den höchsten Stellenwert im Prozess der externen Stellenbesetzung spielen. Demgegenüber haben die befragten Unternehmen nach eigener Aussage durchaus schon Anstrengungen unternommen, um auf die veränderten Verhaltensmuster zu reagieren. Die Position des „Herzlichkeitsbeauftragten" sticht hierbei hervor – aus den Studien zum Employer Branding sind vergleichbare Positionen (Feel Good Manager, Chief Happiness Officer) durchaus nicht mehr exotisch.

Die Vielfalt der angebotenen Benefits steigt zusehends. Dabei lässt sich zusammenfassen, dass es nicht „das" Produkt gibt, das den Bewerber anzieht, sondern dass es immer möglichst individuell in irgendeiner Art und Weise um „Vereinbarkeit" geht. Das Portfolio an Benefits eines Unternehmens muss so bunt sein wie die Zielgruppe an potenziellen Mitarbeitern, die sich angesprochen fühlen soll. Lösungen müssen dabei für beide Seiten vereinbar sein – als Leistungsangebote des Unternehmens und als wahrgenommenes Angebot der Wertschätzung aufseiten der Bewerber.

Die Vertreter der Unternehmen stehen Arbeitgeberportalen noch gespalten gegenüber – der unreflektierten Meinungsäußerung seitens der Kandidaten kann je nach personeller Besetzung nicht immer umfänglich Rechnung getragen werden. Die Experten, die die Außensicht vertreten, sind sich aber einig: Die Rolle von Arbeitgeberbewertungsportalen hat im Rahmen der oben genannten Digitalisierung des Recruitingprozesses deutlich zugenommen. Dies gilt umso eher, je jünger die Bewerber (Generation Z) sind. Fast immer haben diese die Bewertung im Vorfeld recherchiert und sind durchaus versiert im Umgang mit der Evaluierung der Aussagekraft solcher Originalstimmen.

Kommunikation und Employer Branding in KMU

Nimmt man den Verhaltenstyp der Beharrer aus den Analyseergebnisse heraus ist offensichtlich, dass Verhaltensänderungen im Kommunikations- und Recruitingprozess in den KMU und bei den Verantwortlichen angekommen sind. Die Bestimmung der EVP und eines ganzheitlichen Employer-Branding-Prozesses wäre die logische Konsequenz, um den Anforderungen an eine innovative Candidate Experience Rechnung zu tragen. Allerdings fehlen in der Mehrzahl der KMU die hierfür erforderlichen Ressourcen – sowohl personell (organisatorisch) wie finanziell. Umso wichtiger für den Erhalt der Wettbewerbsfähigkeit und der Stärkung des Mittelstandes als Arbeitgeber, der die Hälfte aller Arbeitsplätze auch künftig in Deutschland bieten kann, sind Konzepte, die niedrigschwellig neue Strategien und Modelle nahebringen.

Während Großunternehmen und Konzerne durchaus durch radikale Organisationsänderungen verbunden mit entsprechenden Investitionen (re) agieren können und Employer Branding als Prozesseinheit etablieren, ist dies in KMU selten möglich. Es gilt also solche Modelle zu entwickeln, die KMU eine Statusfeststellung erlauben, unterschiedliche Wege empfehlen und optisch wie zeitlich transparent Entwicklungsschritte aufzeigen. Der Fokus liegt hierbei auf Angeboten, die sich mit vertretbarem Aufwand auch in flachen Strukturen und ohne Zusatzqualifikation realisieren lassen. Im Idealfall kann ein solches Modell alle möglichen Stufen einer Recruiting Experience visualisieren.

© Der/die Herausgeber bzw. der/die Autor(en), exklusiv lizenziert durch Springer Fachmedien Wiesbaden GmbH, ein Teil von Springer Nature 2020
S. Schnitzler, *Online-Kommunikation im Recruiting für KMU*, essentials, https://doi.org/10.1007/978-3-658-29977-4_8

8.1   Maturity Model

Für die Messung der Effektivität des Recruitingprozesses eines Unternehmens kann das Instrument des Reifegradmodells herangezogen werden. Dabei umfasst ein Reifegradmodell

> „eine Folge von Reifegraden für eine Klasse von Objekten und beschreibt dadurch einen antizipierten, gewünschten oder typischen Entwicklungspfad dieser Objekte in aufeinander folgenden, diskreten Rangstufen, beginnend mit einem Anfangsstadium bis hin zur vollkommenen Reife" (Becker et al. 2009, S. 249).

Ursprünglich zur Beurteilung der Qualität des Softwareprozesses in Organisationen entwickelt, existieren heute Reifegradmodelle für unterschiedlichste Prozesse und Projekte in Unternehmen.

Die Stufen des Modells bilden dabei eine ordinale Skala zur Messung der Leistungsfähigkeit und Reife des betrachteten Objekts – hier des Online-Recruiting-Prozesses.

Das Modell ermöglicht jedem KMU standardisiert anhand einer aus der Analyse abgeleiteten Methodik eine Standortbestimmung. Ein Vergleich zum Wettbewerb kann so in jedem Einzelfall vorgenommen werden, vorhandene Ressourcen können effizienter genutzt und ein kontinuierlicher Verbesserungsprozess geplant werden.

Die Standardisierung ermöglicht einen weitgehenden zeit- und ressourcen-unabhängigen Einsatz des Modells mit dem Ziel der Akzeptanzsteigerung. Vor allem der Punkt der Akzeptanz und der Praktikabilität verlangt, dass das Modell mit einem Mindestmaß an Prozessdokumentation auskommt und vor allem zu internen Verbesserungsprozessen anregt. Diese hat absolute Priorität gegenüber einer klein-teiligen statistischen Dokumentation. Eine wichtige Voraussetzung dabei ist, dass vorher Merkmale und Ausprägungen der einzelnen Entwicklungsstufen klar definiert werden, sodass die Anwender in den KMU unabhängig von der Funktion einen Überblick erhalten was konkret notwendig ist, um die nächste Reifestufe zu erreichen. Gerade deswegen sind Reifegradmodelle ein geeignetes Instrument, mit dem das Management in die Lage versetzt wird die notwendigen Veränderungen im Unternehmen zu erkennen und den Transformationsprozess strukturiert anzugehen.

8.2   Von Anforderungen zu Fähigkeitslevels

In einem ersten Schritt werden für die untersuchten Anforderungen und die zugehörigen Kriterien in Tab. 8.1 separate Fähigkeitslevel festgelegt. Dabei gilt als Bewertungsmaßstab:

Tab. 8.1   Fähigkeitslevel für Online Recruiting Maßnahmen

Angebot	Kriterium	Fähigkeitslevel
Kommunikationsangebot	1. Transparenz des Bewerbungsprozesses 2. Bewerbungsmöglichkeiten (postalisch, Mail, Portal, offen) 3. Vorhandensein von Social-Media-Kanälen (Facebook/Instagram/XING/LinkedIn) 4. Interaktion via Mail/Hotline/Chat/Whatsapp	0 = kein Kommunikationsangebot für den Bewerber 1 = Bewerbungsmöglichkeit per Mail 2 = Bewerbungsportal und direkte Interaktion (Hotline/Chat o. ä.) 3 = Übernahme von Social Media Profildaten 4 = mobile Bewerbung
Sichtbarkeit via Unternehmenswebseite	1. Präsenz einer Karrierewebseite 2. Responsive Design	0 = keine 1 = Informationen vorhanden, aber nicht sichtbar (aktive Suche des Interessenten erforderlich) 2 = Link zu Stellen im Hauptmenü integriert 3 = responsive 4 = Karrierewebseite (integriert oder eigene URL)
Touchpoints außerhalb des Bewerbungsprozesses	1. Einbindung von externen Bewertungsportalen 2. Existenz eines Unternehmensblogs	0 = keine 1 = nicht definiert 2 = nicht definiert 3 = mind. ein Bewertungsportal eingebunden 4 = diverse Bewertungsportale und/oder Blog und/oder weitere multimediale Unternehmensinformationen
Organisationsstruktur	1. Zuständigkeiten im Recruitingprozess 2. (durchschnittliche) Dauer einer externen Stellenbesetzung 3. Benefits	0 = kein verändertes Recruitingverständnis 1 = Zielgruppenorientierung 2 = Portfolio an zielgruppenspezifischen Benefits 3 = Definition einer EVP 4 = transparente Abbildung der Candidate Experience über alle Unternehmensbereiche

Fähigkeitslevel für Online Recruiting Maßnahmen

- 0 Punkte: nicht vorhanden
- 1 Punkt: unvollständig
- 2 Punkte: fortgeschritten
- 3 Punkte: vollständig
- 4 Punkte: optimal/innovativ

8.3 Reifegradmodell zur Beurteilung von Online-Recruiting-Strategien

Der Reifegrad ist das Maß für die festgestellten Fähigkeiten der Online-Recruiting-Prozesse des KMU. Die Ermittlung des Reifegrades erfolgt durch die Summierung der einzelnen festgestellten Fähigkeitslevels (Abb. 8.1).

Das Ergebnis ist eine Beurteilung des aktuellen Prozessstatus und ein Ausgangspunkt für die Diskussion der Prozessqualität.

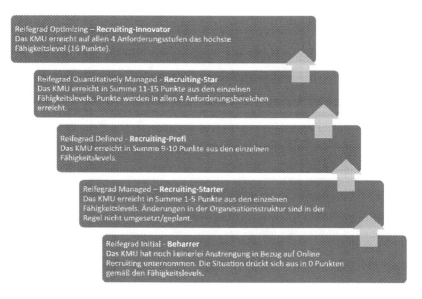

Abb. 8.1 Reifegrade im Recruiting. (Eigene Darstellung)

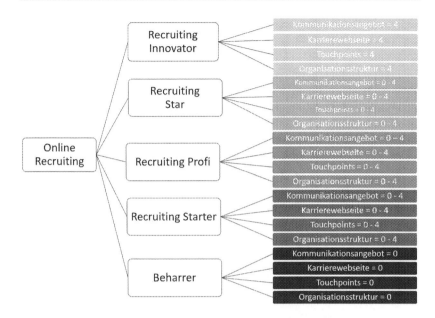

Abb. 8.2 Kombination Reifegrade und Fähigkeitslevels. (Eigene Darstellung)

Als Kombination aus den Fähigkeitslevels und der Einordnung in die Reifegrade ist es gemäß Abb. 8.2 jedem KMU möglich, die individuellen Aktivitäten in Bezug auf Online Recruiting zu bewerten. Gleichzeitig ist deutlich, mit welchen Anstrengungen die jeweils nächste Reifegradstufe erreicht werden kann. Dabei geht es nicht um eine Beurteilung der Qualität von außen (verbunden mit hohen bürokratischen Aufwendungen), sondern um eine interne Standortbestimmung mit dem Ziel der kontinuierlichen Verbesserung und der Motivation für eine Innovation des Recruitingprozesses. Trotz der standardisierten Skala ist die Erreichung des jeweils nächsten Reifegrades nicht immer nur durch einen Prozessschritt möglich, sondern es besteht ein Entscheidungsspielraum zwischen den einzelnen Anforderungen. Ausgenommen davon sind der unterste und der oberste Reifegrad als fixer Rahmen.

Die Entscheidung für ein einfaches additives Modell genügt der Prämisse an die gewünschte Operationalisierbarkeit. Auf einen multiplikativen Faktor – z. B. dann, wenn ein Fähigkeitslevel besonders gut (4) oder schlecht (0) bewertet wird – wird explizit verzichtet.

Die Möglichkeit der Transformation über unterschiedliche Verbesserungen, die sowohl sozialer (Kommunikation, Organisation), technischer (Webseite, Kommunikationstools) und organisatorischer (Organisation, Ressourceneinsatz) Natur sein können, ergänzt den Prozess des *Könnens* um den des *Wollens*. KMU mit Schwerpunkten in einem der Anforderungsbereiche werden so motiviert ihre individuelle Recruitingstrategie abzubilden. Eben dieser motivatorische Aspekt soll gestärkt werden gegenüber einem differenzierteren Berechnungsschema mit hoher Komplexität.

> **Wer punktet wo? Reifegrade sind branchenabhängig!**

Die Marketingagentur Hier muss Kommunikation groß geschrieben werden. Dafür verzeiht man vielleicht, dass Benefits eher rar gesät sind. Eine gute Webseite versteht sich von selbst. Touchpoints im Bewerbungsprozess können multimedial gespielt werden. Und schnell sammelt man Punkte Richtung Recruiting Star. Hier zählen Mut und Farbe vor Struktur und Bewerbungstipps.

Das Ingenieurbüro Spannende Konstruktionen lassen sich in Blogbeiträgen beschreiben – auch über externe Texter. Und solche Stories machen die Webseite sichtbar und den Job attraktiv. Der Chef steht selbst der flachen Organisationsstruktur vor? Dann muss er die die EVP verkörpern. Das gibt Punkte in den Bereichen Webseite und Organisation, wo vielleicht die Kommunikation und die Touchpoints ressourcenbedingt erst später nachziehen können. Ein schneller Bewerbungsprozess ist Pflicht.

Der Logistik-Dienstleister Kommunikation ist hier vielleicht nicht der Hauptfokus, gerade wenn mehrere Social-Media-Kanäle Zeit und Manpower beanspruchen. Umso mehr kann hier mit einer strukturierten Webseite gepunktet werden. Bilder sagen mehr als Worte: von wo nach wo wird geliefert? Wer sind die Partner? Bewerbungstipps versprechen Transparenz. Das lässt sich für Profile auf kununu und Google gleich mitverwenden.

Die IT Beratung Anschreiben per Post oder E-Mail – ein No Go. Bitte möglichst technisch, sauber programmiert, jeder Datei-Upload möglich. Physische Kontaktpunkte? Dürfen, aber müssen nicht. Dann lieber ein Chatbot. Dafür zählen Benefits, die Remote Work und Weiterbildungen ermöglichen. Und die Berücksichtigung individueller Tec-Vorlieben.

Literatur

Becker, J.; Knackstedt, R.; Pöppelbuß, J. (2009): Entwicklung von Reifegradmodellen für das IT-Management. In: Wirtschaftsinformatik, Vol. 51, Springer Fachmedien Wiesbaden, S. 249–260.

Fazit und Ausblick

9

▷ „Eine den Bedürfnissen der Bewerber entsprechende Karrierewebseite in Kombination mit einer nutzeradäquaten (= flexiblen, transparenten, verfügbaren) Kommunikation steigert nachhaltig das Employer Branding von KMU als notwendige Voraussetzung für erfolgreiches Recruiting."

Die Komplexität der Kommunikation steigt sowohl aufgrund der Vielzahl und Entwicklung immer neuer Tools und Interaktionswege. Informationen sind zeit- und ortsunabhängig verfügbar. Diese Erwartung besteht seitens der Interessenten und Bewerber auch im Recruitingprozess. Gleichfalls sind Unternehmen auf möglichst vollständige Informationen zukünftiger Arbeitnehmer angewiesen, um Stellenbesetzungsprozesse effizient zu gestalten. Der Komplexität steht der Wunsch nach Vereinfachung in Interaktionsprozessen gegenüber.

KMU, die ihre Karrierewebseite und den damit zusammenhängenden Austauschprozess mit Bewerbern als Instrument der Vereinfachung im Sinne eines Sichtbarmachens ihrer Employer Brand nutzen, haben Vorteile im Wettbewerb um Nachwuchskräfte. Dabei ist die Entwicklung der EVP als Teil der Employer Brand zunächst ein Prozess, der Klarheit über die Arbeitgebermarke innerhalb der Organisation schafft, und diese in einem zweiten Schritt dann in den Vermarktungsprozess gegenüber der Zielgruppe transferiert. Die veränderten Kommunikationsmöglichkeiten und sich daraus ergebenden Verhalten manifestieren sich in den Generationen Y und Z. Für die Entwicklung einer innovativen und dynamischen Online Recruitingstrategie determinieren die den Prozess und überlagern marginale Verhaltensunterschiede.

© Der/die Herausgeber bzw. der/die Autor(en), exklusiv lizenziert durch
Springer Fachmedien Wiesbaden GmbH, ein Teil von Springer Nature 2020
S. Schnitzler, *Online-Kommunikation im Recruiting für KMU*, essentials,
https://doi.org/10.1007/978-3-658-29977-4_9

Während Konzerne und Großunternehmen ihre Sichtbarkeit als attraktiver Arbeitgeber durch entsprechende Kampagnen unterstreichen, von ihrer Produktmarke profitieren und die Organisationsstruktur mit zusätzlichen Positionen und Budgets für diesen veränderten Prozess aufstellen können, sind KMU hier Grenzen aufgrund von Größe und (Marken)Bekanntheit gesetzt.

Kriterien für eine Recruitingstrategie müssen folglich so formuliert sein, dass sie KMU gleichzeitig Leitlinie und Flexibilität bieten. Auch wenn mittelfristig personelle und finanzielle Investitionen in Personalkommunikation und Employer Branding als Schnittstellenfunktion eines Unternehmens getätigt werden müssen, sollten kurzfristige Handlungsempfehlungen niedrigschwellig und operabel sein.

Sowohl die untersuchten Studien wie auch die Karrierewebseiten und die Experteninterviews zeichnen hier ein weitgehend einheitliches Bild: erste Schritte auf dem Weg sind unternommen, aber es bleibt noch Entwicklungsspielraum. Anhand der Analysekriterien, die in die Fähigkeitslevels und das abschließende Reifegradmodell münden, können KMU eine individuelle Online Recruitingstrategie planen. Abhängig vom Zeit- und Ressourceneinsatz, aber auch von der Unternehmensgröße, der Branche und den Ausbildungsniveaus können die Kriterien sukzessive in Projektabschnitte eingeteilt werden. Fehlende Budgets und Positionen im HRM können durch Flexibilität, flache Hierarchien und Nischenvorteile kompensiert werden. Dabei lassen sich Praxisbeispiele gut strukturierter und den Kriterien entsprechender Webseiten von KMU als Benchmark heranziehen.

Aus unternehmensinterner Perspektive können die Reifegrade durch Unterfragen auf spezifische Unternehmensbedarfe hin individualisiert werden. Zusätzlich können bisherige Erfahrungen aus Stellenbesetzungen in das Modell aufgenommen werden. Aus dem allgemeinen Modell entsteht so ein individuelles Organisationsraster.

Kritisch diskutiert werden Ursache und Auswirkung des Fachkräftemangels in Deutschland. Hier stehen sich externe (politische) Bemühungen und interne Maßnahmen aktuell oft frontal gegenüber. Während einerseits auf die Einwanderung von Fachkräften auch über die Grenzen der EU hinaus gesetzt wird (unternehmensexterne Fachkräftestrategie), sehen Kritiker dieser einseitigen und aus Unternehmersicht passiven Bemühungen die Möglichkeiten, was innerhalb der Organisationen bewegt werden kann, als noch nicht ausreichend genutzt und ausgeschöpft an. Vielmehr seien die KMU in ihrer Wartehaltung das Problem – nicht ein Mangel an Arbeitskräften (unternehmensinterne Fachkräftestrategie).

Das Gleichgewicht zwischen innerer Dynamik der Unternehmen, sich als attraktiver Arbeitgeber zu präsentieren und damit auch solche Jobs zu vermarkten, die nicht (mehr) im Fokus potenzieller Arbeitnehmer stehen, und der

Bereitschaft, extern Fachkräfte in den Arbeitsmarkt zu integrieren, stellt eine Herausforderung von weit größerer Dimension dar. Ein innovatives Online Recruitingkonzept bietet beiden Fachkräftestrategien (intrinsisch motiviert und politisch flankiert) Fundament und Potenzial.

Vor dem Hintergrund der Frage, ob Fachkräfte zukünftig verstärkt international rekrutiert werden müssen, bekommt der Aspekt der Komplexitätsreduktion von Kommunikationsprozessen durch Tools noch einmal eine neue Bedeutung. Transparente Online Bewerbungsprozesse mit einer eindeutigen Candidate Journey lassen sich durch Bild und Bildsprache auch einfacher auf ausländische Bewerbergruppen übertragen. Wenn die EVP definiert und im Unternehmen bekannt ist, reduzieren sich die Übersetzung des Bewerbungsprozesses und der Karrierewebseite auf den „technischen" Vorgang. Der Schritt von der interpersonalen zur internationalen Kommunikation wird so erheblich vereinfacht.

KMU sollten dies in ihren aktuellen Anstrengungen berücksichtigen, um auch in Bezug auf grenzübergreifende Personalbeschaffung „reif" zu sein.

Was Sie aus diesem *essential* mitnehmen können

- Sie kennen den aktuellen Stand in Bezug auf das Kommunikationsverhalten und die Idealvorstellungen der Generation Y & Z.
- Sie wissen, dass für jedes Unternehmen eine EVP – die Employer Value Position – wichtig ist. Was für die USP selbstverständlich ist, bekommt hier eine neue Dimension.
- Sie verstehen, dass es nicht DIE Kommunikation, DAS Marketing, DIE HR-Abteilung ist, die für den Bewerber und die Sichtbarkeit des Unternehmens zuständig ist, sondern dass es eine Kombination aller Kräfte und Stärken im Unternehmen ist.
- Sie erhalten einen Leitfaden, auf dessen Basis Sie bewerten können, was Ihr Unternehmen aktuell leisten kann, um attraktiv als Arbeitgeber zu werden. Nicht das eine Fernziel, sondern Teilziele.
- Ihr Unternehmen kann und muss in unterschiedlichen Bereichen – Kommunikation, Personal & Marke – wachsen und reifen.
- Online Kommunikation ist alles – das müssen Sie wissen. Es besteht keine Option im Online und Social-Media-Recruiting nicht mitzuspielen. Aber Sie kennen nun Spielarten, die zu Ihnen passen.

Printed in the United States
By Bookmasters